空海

還源への歩み

高木訷元

春秋社

はじめに

日本の仏教史あるいは文化史にとってのみならず、世界の文化思想史のうえで一大エポックを画した人物に、八世紀末から九世紀中葉に活躍した空海（七七四―八三四）がいた。幼名を佐伯直真魚《さえきのあたいまお》と呼ぶのだが、あるいは諡号《しごう》の弘法大師と言った方がわかり易いかもしれない。幼少の頃から文章や中国古典を学び始め、大学に進みながらも官僚としての立身出世の道を選ばず、真に生き抜くべき道を求めて仏典をも広く深く渉猟しつづける。そして遂には学窓を去って身を吉野の山野に避け、旧友や知己から忠孝の道に悖《もと》るとの批判や非難のことばを浴びながらも、山林抖擻に明けくれていた。

しかし求めつづける仏道にも八万四千の法門と呼ばれる程の多様性と拡がりがあってみれば、その中の一体どの道を辿れば根源へとたち還れるのか、出家の確信も得られないまま、なおも苦悩しつづけることになる。後にその頃の自身の心境を回顧して、「空海等、念雲兎《つき》を蔽《かく》し、業霧烏《ひ》を籠《こ》む。久しく方《みち》を還源に迷うて、長く境を帰舎に酔えり」（『性霊集』巻七）と述べている。僅かに一、二行の文章からでも、超一流の文人でもあった空海の一面が偲ばれよう。「この私、空海は迷いの雲が月を隠すように、自らの心を覚《さと》ることに暗く、また霧につつまれての彷徨《さまよい》が太陽の光りを遮《さえぎ》って、美《うる》わしき景色を見えなくするように、久しき間、根源へとたち帰るべき路を見失っていた」と云う程の意味になろうか。しかしその一々の文字の奥底には更に心そのものと存在とのかかわりについての深い洞察が秘められているのだが、その読み解きは本書のなかで言及することもあろう。

その空海も遂に「精誠に感有りて、此の秘門を得る」ことになるのだが、「文に臨んで心昏《くら》し」といった、かつて経験したことのない新たな苦悩に直面する。秘密の法門すなわち真言密教の経典に出会い得て、文字を読み進めてみても一々の文字の真実義を理解し得ないと云う初めての苦い経験に戸惑い、好機を得て入唐留学を決意する。その入唐留学の経緯について、従来まったく論及されることのなかった新事実について、本書において詳しく指摘することができたと思っている。

本書は、入唐し得た空海がまずはインド僧の般若《はんにゃ》三蔵らに師事して、インドの言語（梵語）や南天竺のバラモン等の説などから聴講し始め、次いで恵果《けいか》和尚から真言の秘法を余すところなく心に受法し得た経緯をたどり、それ以降、生涯にわたって撰述しつづけた多くの著作のなかから、幾つかの「ことば」を「読み解く」ことで、「還源への道」への「歩み」を辿ろうとしたものである。その「ことばの歩み」が、現代の機械論的科学技術文明の社会にあって、人びとが遭遇し困惑しつづけている「迷衢を開示」し、かつその「ことば」が「迷方の示南《しなん》」たり得ると、私は信じている。

なかでも、本書においてしばしば言及される「法海は一味なり」との空海の宗教観は、単に宗教分野にとどまらず、現代社会における全地球的規模での多様な異文化の共存共調を可能ならしめる原理たり得ると、私は確信している。この「法海は一味」の在りようは、別にまた「マンダラ」（maṇḍala　曼荼羅）の棲《す》み分《わ》けの世界とも表現できる。あらゆる文化や宗教は、本来、有機的に一味のものとしてつながりながら、それぞれの時代・環境・人びとの機根などに即応して、各々が形態を異にしながらも、「棲み分け」て存在すべきものなのである。

空海が長安で最初に師事した般若三蔵が翻訳した経典には、五味五蔵説が見えていて興味深い。五味とは牛乳が精製されて、順次に、酪、生蘇、熟蘇、醍醐になることを指すのだが、これらが経、律、論、般若、陀羅尼《だらに》（真言）への展開に対比されている。様々に説かれる仏法も、バター、チーズ等々の牛乳製品と同じように、その熟成度に差があるとは云え、本質的には変わることなく、一味でありながら、すべての教法が多様な在りようで棲み分けていると云うのである。このような一味の在りようを、われわれは「平和」と呼ぶ。ただ妥協的な並行ないしは並衡を意味する「ピース」（peace）とは微妙なニュアンスの異なりを有することに留意したい。

それにつけて、ミラノ・カトリック大学の神学と哲学の教授であり、かつ神父でもあったルイジュ・ジュッサーニ師（Luigi Giussani）は全欧州の青年達からは深く畏敬尊崇され、ローマ法皇パウロ二世の信任あつき聖者であった。訪日した彼はわれわれとの対話で、空海の教育思想と実践に深い感銘をおぼえ、われわれを毎年、イタリアのリミニ市で開催される国際交流のつどいなどに招請してくれた。その彼は、「まことの宣教とは、異宗教を自らの宗教へと改宗せしめることではなくて、それぞれの宗教を相互に正しく理解せしめ、かつ相互に尊重しあう心を啓発すること」を主張する。この一点で、われわれは完全に意気投合し、久しき交流がつづき、渡伊のたびにバチカン宮殿で法皇パウロ二世と挨拶をかわしつづけることになる。

ジュッサーニ師はまた「コミュニオーネ・エ・リベラッツィォーネ」（Communione e Liberazione）つまり「親しき語り合いのつどいと真の自由の獲得」の運動を全世界的な規模で展開していた。すなわち、相互の親密な対話による福祉の実現の活動が、そのままに真に心の自由へと直結すると言うわけである。空海の宗教観と全く変ることのない見解には、ただ驚くばかりである。そのジュッサーニ師は、かつて私に、空海の全著作をイタリア語に訳して、直接に空海に接し得るようにして欲しいと言っていた。

そのジュッサーニ師の数多の著作はすべてイタリア語で著わされたものであったのだが、その中の一冊、『宗教心』（The Religious Sense）が一九九七年にカナダから英訳出版された。その英訳出版を記念して、その年の十二月十一日に、当時のローマ教皇庁国連大使であったマルティーノ師が主催して、ニューヨークの国連本部ハマーショールド記念館で「異宗教の対話」の講演会が催された。『宗教心』を翻訳したJ・ズッキ教授がコーディネーターをつとめ、カトリックを代表してワシントン・カトリック大学教授のD・シンドラー博士、ユダヤ教を代表して著名な音楽家のD・ホロヴィッツ氏、そして仏教の立場から私が「異文化の対話と異宗教の協調」について講演対論した。その基調は空海の「法海は一味」論にあった。

ただ残念だったことに、この席にプロテスタントの代表とともに、イスラームの代表がいなかったことである。適当な人材を見出し得なかったと云うのが、主催者のことばであった。確かに、プロテスタントは兎も角として、イスラームもアラブの正統的なスンニー派とイランのシーア派とが、同じイスラームなのかと思える程に相違しているのは事実である。しかしこの対話集会から数年後の、二〇〇一年九月にニューヨークの世界貿易センタービルにイスラーム過激派の暴徒が、乗っ取った飛行機で突っ込み自爆すると云う一大悲劇が惹起することになり、やがて中近東での果てしなき紛争へと展開してゆくことになる。まさに今こそ、全地球的規模で「法海は一味」への自覚を喚起すべき時機ではあるまいか。

さもあらばあれ、インドの古代哲学史を研究テーマとしていた筆者が、弘法大師空海の著作に留意するに至ったのは、偏えに恩師中野義照博士のご提撕による。中野先生とてそのご専門はインドの古法典の研究であり、『カウティルヤの実利論』や『マヌ法典』などの翻訳出版は学会を裨益し、かつ大きな影響を与えた。ウィンテルニッツの『インド文献史』全五巻の翻訳出版もまた、中野先生の畢生の念願であり、われわれも及ばずながら援助らしきことが出来たと思っている。

晩年に中野義照先生は高野山大学の学部で「祖師伝」として空海の生涯と思想についての講義も担当されていた。或る時、中野先生は唐突に「高木君、十住心論は弘仁十三年だよ」と仰言られた。当時の私にはまったく関心の埒外のことで、特に気にとめることもなかった。しかしここ数年来、恩師のことばが私の脳裏に蘇ってきた。そしてその点については、本書において私なりの結論を導き出し得たと思っている。ただ、今は亡き中野先生のご判断が気になるところである。

この拙著を、恩師中野義照先生および、再建立した精舎に私を止住せしめて、私の研究生活を常に支えていただいた高野山大学元学長の中川善教先生の、ご両霊の霊前に謹んで捧げたいと思う。そして私が学長に就任以来、学監として、更には高野山学園理事長として助力をいただきつづけ、ドン・ジュッサーニ師との親交がとりわけ深く、イタリアでのミーティング等への永年にわたる参加交流を続けられ、そしてニューヨークの国連本部での講演にご推挙いただいた土生川正道師に対して満腔の敬意を表し、衷心より感謝申しあげたい。

末筆ながら、本著の執筆を慫慂いただいた春秋社社長神田明氏および編集部の佐藤清靖氏、水野柊平氏に対して、甚深なる謝意を表したいと思う。

令和元年　九月二十三日

高木訷元

空海——還源への歩み

目　次

空海——還源への歩み

第一章　槐市の春秋——青襟にして槐市の春秋を摘む

第一節　外舅大足への師事と伊豫親王

奈良時代の末期、宝亀五年（七七四）に讃岐国多度郡に一人の男児が産声をあげた。その声こそ、存在世界の絶対的根源である法身《ほっしん》そのものの声であったことを、われわれは後に知ることになる。その声の読み解きを試みようとしたのが、本書の執筆の動機となっている。というのも、その産声の主こそ、後に長じて入唐留学し、日本の仏教を大きく転換せしめるとともに、仏教の真髄を単なる教理教学の論談でなく、まことの福祉の実現にありとし、その福祉を意のままにもたらすこと自体が、実にはそのままに迷いの煩悩を離脱して仏の正覚の境位へと到らしめる最短の道であると主張する空海その人なのである。

空海なき後三十数年にして編まれた『続日本後紀』巻四の承和二年（八三五）三月条の卒伝では、「法師（空海）は讃岐国多度郡の人、俗姓は佐伯直《さえきのあたい》、年十五にして舅の従五位下阿刀宿祢《あとのすくね》大足《おおたり》に就いて文書を読習し、十八にして槐市《かいし》に遊学す」云々とある。槐市とは大学を指す。

平安末期の写本といわれる石山寺什物の文書、治部省へあてた太政官符は、空海の出家入唐にかかわるものであるが、「留学僧空海、俗名は讃岐国多度郡方田郷《かただのさと》の戸主《へぬし》、正六位上佐伯直道長の戸口《ごく》、同姓真魚《まお》」とある。この文書には幾つかの欠字があるとは云え、空海の幼名が佐伯直真魚であり、誕生した佐伯直家の戸主は正六位上の道長であったことが知られる。

佐伯直の「直《あたい》」とは姓《かばね》であって、氏族の尊卑をあらわしている。最も尊貴な家柄を示す姓は「大臣《おおおみ》」とか「朝臣《あそみ》」、次いで「大連《おおむらじ》」、「宿祢《すくね》」、「直《あたい》」そして「首《おびと》」などがあった。これらを参照すれば、その姓や位階からみて、空海の生まれた佐伯直の家は讃岐の地方官僚であったと推定される。しかし当時は大家族制であったから、戸主は必ずしも父とは限らなかった。しかし空海（真魚）と戸主の道長との血縁関係はわからない。

というのも、『日本三代実録』巻五の貞観三年（八六一）十一月の記事では、空海の実父と兄弟および甥など十一人の実名が列挙され、そこでは空海の実父は「故き佐伯直田公《たぎみ》」と記されているからである。この記事は、空海の甥の一人、書博士で正六位上の佐伯直豊雄の要請をうけて、当時、中納言で民部卿と皇太后宮大夫を兼ねていた伴宿祢善男《とものすくねよしお》が、空海の血縁につながる一族の十一人に対して、宿祢《すくね》の姓《かばね》を賜わるように取りはからい、それが勅許されたことの記録なのである。

この記事から、空海の兄弟には外従五位下の佐伯直鈴伎麻呂、正六位上佐伯直酒麻呂、正七位下佐伯直魚主の三人と、幼くして兄の空海に師事して出家した、当時「大僧都伝燈大法師位」として生存していた真雅《しんが》がいたことがわかる。さらに空海のもとに身を寄せた僧の智泉《ちせん》は、「俗家には我れを舅《おじ》と謂い、道に入りては則ち長子なり」と、空海自身が「亡き弟子智泉が為の達嚫文《だっしんもん》」のなかで記しているから（『性霊集』巻八）、空海には上述の兄弟の他に更に少なくとも一人の姉妹がいたことがわかる。この他にも、なお二人の兄がいたのではないかと推定するむきもあるけれども、これは後に言及する空海の撰述した『聾瞽指帰《ろうこしいき》』の叙述による推定であって、確かではない。

ただここで留意すべきは、さきの『三代実録』における記述で、空海の兄弟や甥には、故人を含めて、すべて位階が記されているのに、ただ父の佐伯直田公には位階が記されていないことである。事実とすれば、当然ながら父の田公は無位無官の人であったことになる。この事実が、田公の子弟の生育にどのような影響を与えることになったのか。兄弟や甥のほとんどすべては官僚としての道を歩んだことがわかる。

当時の一般的な社会通念からみても、佐伯直真魚もまた、生まれながらにして官僚として身を立てることが、なかば宿命づけられていたのである。ただ末弟であったと思われる真雅は九歳で都に入り、兄の空海に師事したと伝えられるが、元慶三年（八七九）正月に七十九歳で滅しているから（『三代実録』巻三十五）、その生誕は延暦二十年（八〇一）ということになる。この時、空海はすでに『聾瞽指帰《ろうこしいき》』を撰述して四年を経た二十八歳の時であるから、母を同一とした兄弟であったのか否かは疑わしい。もちろんそれは単なる推定の域を出るものではないが、佐伯直真魚（空海）の母は阿刀氏の女《むすめ》であったことはわかっている。

その母方の舅《おじ》に阿刀宿祢大足《あとのすくねおおたり》がいて、桓武天皇が最も寵愛した伊豫親王の文学《ふみはかせ》すなわち教育係りをつとめた大学者であった。その大足が、真魚が十二歳のときに大学への進学をすすめたと伝えられている。「学令」によれば、大学への入学は「年十三以上、十六以下」と定められていた。大足が真魚の十二歳のときに大学への入学を勧めたとの伝承は、この「学令」の規定をふまえてのことであったろう。ただこの「学令」では「凡そ大学の生には（戸主が）五位以上の子孫、及び東《やまと》と西《かわち》の史部《ふみひとべ》の子を取りて為《せ》よ」とあるけれども、付帯条項として「若し八位以上の子、情《こころ》に願わば聴《ゆる》せ」とあるから、真魚にも当然ながら、大学へ進む資格はあったことになる。

しかし真魚は十三歳になっても大学へは進んでいない。単なる推量の域を出るものではないが、舅の阿刀大足が真魚に対して大学への進学を勧めた十二歳の季秋に、真魚の心の内奥に深い陰影を残す忌まわしい事件が起っている。

即位の当初は、平城京からの遷都はしないと宣言しながら、年余も経ないうちに平岡への遷都を断行した桓武天皇は、新都の造営責任者として側近の中納言式部卿、藤原種継《たねつぐ》を任命していた。その種継が延暦四年（七八五）九月二十三日に新都長岡で殺害されたのである。その主謀者は遷都に反対する中納言東宮職の長官であった大伴家持とされ、右兵衛督《うひょうえのかみ》の五百枝王、春宮亮《とうぐうのすけ》の紀白麻呂、左少弁の大伴継人、造東大寺次官の林稲麻呂など、大伴・佐伯につらなる人びとが加っていたという。しかもこの事件は、藤原種継とは対立的な立場にあった皇太弟の早良親王《さわらしんのう》を擁立しての新政権の樹立をはかった一種のクーデターであったとされる（『日本紀略』前篇十三、延暦四年九月二十四日条）。

しかしこの事変の主謀者とされた大伴家持は、万葉の歌人としても有名であるが、種継が暗殺された日より二十日前に、すでに逝去していたのである。この事件にかかわりあると断定された人びとは、或は死罪となり、或は流罪に処せられた。そして当の早良親王は長岡の乙訓寺《おとくにでら》に幽閉されて廃太子とされた。早良親王は飲食をまったく断って、自らの無実潔白を主張したが、淡路へ流される途次、絶命している。兄の桓武帝はその遺体をも敢えて淡路へと流棄せしめている。遠祖を同じくする大伴と佐伯の両氏族の有力な人びとも、多く勢力を削がれることになる。なかでも佐伯直家の総家とも目されていた、かつての造東大寺司長官であった佐伯宿祢今毛人《いまえみし》なども、無実の罪で筑紫へ流されることになる。

この忌わしい悲惨な事件が、官僚の世界で名をなすために大学への進学を勧められた真魚の心の片隅に、暗い陰影として刻みこまれたのではなかったのか。十三歳の秋となっても、真魚は大学へは進んでいない。しかし古代の中国で学問を始める年とされる十五歳になると、真魚は母方の舅《おじ》の阿刀宿祢大足に師事して文章などを学び始めている。さきにも言及した『続日本後紀』の空海の卒伝においては、「年十五にして舅の従五位下阿刀宿祢大足に就きて文書を読習す」とある。このことは空海自身、おそらく弘仁九年（八一八）の春から秋にかけて、若干の若き文人官僚たちの強い要請をうけて、文章理論と修辞の方途を講説した『文鏡秘府論《ぶんきょうひふろん》』六巻の序で、「貧道《ひんどう》、幼にして表舅に就いて頗る藻麗《そうれい》を学び、長じて西秦《せいしん》に入りて粗《ほぼ》、余論を聴く」とある。ここで「貧道」とあるのは僧侶が用いる謙遜の自称であり、「藻麗」とは修辞をこととする美文を意味する。この撰書を著した動機に触れて、「爰《ここ》に一多の後生有りて、閑寂を文園に扣《たた》き、詞華《しか》を詩圃《しゅう》に撞《つ》く。音響黙《もだ》し難く、巻を函丈《かんじょう》に披《ひら》き、即ち諸家の格式等を閲《けみ》して、彼の同異を勘《かんが》うるに、巻軸多しと雖も、要枢《ようすう》は則ち少なく、名異《こと》なるも義は同じく、繁《はん》穢《あい》尤も甚だし。余《わ》が癖療《くせいや》し難く、即ち刀筆《とうひつ》を事とし、其の重複を削《けず》って、其の単号を存す」云々と書かれている。

つまり、「私は幼時、すなわち十五歳の頃から母方の叔父に師事して、随分と文章を学び、入唐留学した時には唐都長安で、一通りのすぐれた文章論を聴講することができた」と書きしるし、次いで自らは仏道の修禅観法にふけり、文章の創作に励むこともなかったのだがとした後に、「今、若干の若き文人たちが、華やかで厳しい詩文の精髄を追求しようとして、私の精《も》舎《と》を訪ね問いかけてきた。かれらが私に投げかけてきた問いのことばに、黙して過ごすこともかなわず、かつて私が教えを受けた書物を繙《ひもと》いて、早速に著名な文人諸家の詩文の理論を読みかえし、そこに見られる相互の異同なども検討してみると、これまでの資料は随分と多くあるとは云え、枢要なものは、ごくごく僅かであり、言辞は異なりを見せてはいても内容は同じであり、きわめて雑然として統一が見られない。私自身の性来の癖はいかんともしがたく、早々に文章に手を加えて、重複する部分は削除し、旧来の文章理論を統一あるものとして、まとめ整理した」ものが、この『文鏡秘府論』六巻であるというわけである（興膳宏氏による）。

当時、「文章は経国の基《もとい》」とされていて、一流の官僚はまた一流の文人でもあったのである。空海自身、この『文鏡秘府論』序の冒頭で、「夫《そ》れ大仙の物を利するや、名教もて基《もとい》と為し、君子の時を済《すく》うや、文章是れ本《もとい》なり」と記している。

ここで空海の文章の一端を厭《いと》わず長々と援引したのは、空海がすでに若くして超一流の文人であったことを知りうるからである。コロンビア大学の教授であったドナルド・キーン博士は「八世紀から九世紀にかけての平安初期の時代に、日本においてはもとよりのこと、当時の中国における一流の文人も及び得ない程の名文を書き得た日本人は、空海ただ一人のみであった」と断言している。後に述べるように、このことが空海をして入唐留学を可能とする大きな要因となったのである。その素質は、十五歳から舅《おじ》の阿刀大足について文章を学び始めたことによって培われたものであったのだ。

さきに言及した空海自身のことばの「幼にして表舅に就いて」の「幼」とは、『儀礼』の注釈や『礼記』の注釈等によれば、「年十五」とされ、「時に始めて学ぶべきなり」とある。つまり、この空海の言う「幼」とは、『論語』の「学而篇」にみえる「志学」、つまり「十有五にして学を志す」と同じ意味をもつ語として使われているのである。『続日本後紀』の空海卒伝では、「年十五にして舅の従五位下の阿刀宿祢大足に就いて文章を学ぶ」とある。

後に触れる空海（真魚）の最初の著述である『聾瞽指帰《ろうこしいき》』の序と結頌を、後に書き改めたものと言われる『三教指帰《さんごうしいき》』の序では、「余《われ》、年志学にして外氏阿二千石文学《ふみのはかせ》の舅《おじ》に就いて、伏膺《ふくよう》し讃仰《さんごう》す」とある。ここで「外氏」の「舅」とは母方の叔父を意味し、「二千石」とは位階を指している。そしてなによりも留意すべきは、この阿刀大足が「文学」とあることである。「文学」とは「親王に経を執《と》りて講授する」教育係りを意味している。当時、親王は大学へは進まず、特定の名だたる学者に就いて個人指導を受けたのである。阿刀大足は、このとき桓武天皇がもっとも寵愛していた伊豫親王の教育係りであったのである。

ということは、空海、佐伯直真魚は十五歳から伊豫親王とは師を同じくする学朋の関係にあったことになる。ただ伊豫親王は皇后乙牟漏《おとむろ》の皇子ではなくて、母親は藤原南家の是公《これきみ》の娘、吉子であったのだが、桓武天皇は実にしばしば伊豫親王の館《やかた》を訪ねている。おそらく年齢も真魚とほとんど同じであったろう。ただ直接に机を並べての学友であったか否かは不明としても、相互に、それぞれの学識や文才の異常にハイレベルであることを意識しあっていたことは十分に想定できる。

桓武天皇と皇后乙牟漏との間には安殿親王《あでのしんのう》と神野親王《かみの》がいた。安殿親王は真魚と同じ宝亀五年の生誕であったが、若くして風病の傾向にあったという。しかし神野親王、後の嵯峨天皇は幼くして文章や書に親しみ、あるいは伊豫親王をめぐる一種の文化サロン的な人脈に、真魚とともにかかわりをもっていたかもしれない。もちろん、単なる推測の域を出ないものでしかないが、後の空海と嵯峨天皇との親密なかかわりからみて、そのような推測も強ち《あなが》有り得ないことではないとも思われる。

学問を修めるにあたって、中国では古くから、一経の文義に通ずるには三年の学習を必須とすると言われていた。すでに別の拙著『空海の座標』(慶応大学出版会)で言及しておいたように、中国古代の折衷学者で、その著書がわが国の大学でも多く依用された鄭玄《じょうげん》は、若き日に

「馬融《ばゆう》の門下に在るも、三年は相見《あいまみ》ゆることを得ず。高足の弟子が伝授するのみ」と『世説新語』文学篇に見えている。この学習の伝統は仏教界にも及んでいて、後に入唐した空海の祖師に当《あた》るインド僧の不空《ふくう》三蔵は、若き日に師事した金剛智《こんごうち》三蔵に教えを乞いながら、まずはインドの言語である梵語《ぼんご》の徹底的な学習を課せられ、三年を経てようやく瑜伽密教《ゆがみっきょう》の大法《たいほう》を伝受し得たという(『宋高僧伝』巻一)。

真魚もまた、所定の三か年間を叔父の阿刀大足のもとで文章や古典を学びおえて、十八歳で大学に進むことになる。伊豫親王もまた、その時期は正確ではないが、阿刀大足に就いての学習をおえると、次いで中務卿で正六位上の浄村宿祢《きよむらのすくね》浄豊《きよとよ》を文学《ふみはかせ》として学習をつづけることになる。この浄豊は唐国から来朝した学者で帰化した故の従五位上の晋卿《しんけい》の九男であった(『性霊集』巻四)。

第二節　明経道への進学と仏教との出会い

『続日本後紀』の卒伝では、空海、当時の佐伯直真魚は「十八にして槐市に遊聴す」とある。すでに見てきたように、「学令」では大学も国学も「並びに十三以上、十六以下にして聡令ならん者を取りて為せ」とある。しかし後の史料ではあるが、『延喜式』巻二十の「大学寮」の条では、「凡そ遊学の徒は情《こころ》に入学を願うれば、年の多少に限らず、惣じて簡試を加え、其の一経に通ずること有らば、学生に預《あずか》ることを聴《ゆる》せ。ただし諸王及び五位以上の子孫は簡試を煩《わずら》わしくせず」(『国史大系』本)とあるから、佐伯直真魚は試験をうけての入学であったかもしれない。しかし当時、大学への入学年齢についての規則は、それ程厳しいものではなかったようである。

更に、卒伝における「遊聴」という用語の現代的な感覚からみて、真魚の大学への入学は単なる聴講生としてであったと考えるむきもあるけれども、まったくの誤解である。大方の卒伝で大学への進学に言及するものはほとんどないのだが、天平勝宝三年(七五一)頃の編纂と推定される『懐風藻』は、一説に大学頭《だいがくのかみ》で文章博士でもあった淡海三船《おうみのみふね》の編纂ともいわれているが、そこでは釈道融《どうゆう》に言及して、「俗姓は波多《はた》氏。少《わか》くして槐市《かいし》に遊ぶ。博学多才にして、特に属文《しょくぶん》に善し」云々としている。道融については、後に再び言及することがあろうが、彼は確実に大学に進学したことがわかっている。

もっとも当時、今日的な意味での聴講が大学で行なわれていたことは、『日本紀略』弘仁八年(八一七)丙午(七日)条に、勅命として、「宜しく年三十已下の聡令の徒の入色《にゅうしき》四人、白丁《はくてい》六人を択《えら》んで大学寮に於て漢語を習わしむべし」とあることからも分明である。入色とか白丁とは、律令制の官僚組織にあっては最下層に属し、位階はもとより、官位もなかった人びとでである。

更にまた最澄の弟子で、晩年は最側近でもあった光定《こうじょう》が、若き日の年分度《ねんぶんど》試《し》の厳しい漢音の簡試にそなえるために、「彼《か》の年（大同四年〈八〇九〉）七月、大学に参《まじ》わりて漢音を読み習い修練す」とあって、その時の教師を「音博士従五位下の高貞宿祢門継」とし、その年十一月に行われた僧綱所で専門分野の仏教に関する試験とともに、漢音の試験も受けている。その時の漢音の試験官が、「大学音博士の大夫」であったとするから（『伝述一心戒文』巻上）、光定の漢音の受講は私的なもので、大学での正式な聴講ではなかったかもしれない。

当時の大学は所定の履修をおえることで、官吏登庸の貢挙試《ぐこし》を受ける資格を得ることを目的としていたのだから、大学での聴講とか在学自体は今日的意味での学歴としての価値をほとんど有していなかったのである。

空海の弟子であり、おそらく最も文才が勝れていたと思える真済《しんぜい》は「金玉《きんぎょく》の谿石《けいせき》に糅《まじ》わらんことを憂え、蘭桂《らんけい》の秋艾《しゅうかい》に壓せられんことを歎きて」、師主空海の詩文を集めて『性霊集《せいれいしゅう》』十巻を編んだ。詳しくは『遍照発揮性霊集』というが、その序で真済は空海について「爰《ここ》に一《ひとり》の上人《しょうにん》有り、大遍照金剛と曰《い》う。青襟《せいきん》にして槐林《かいりん》の春秋を摘《つ》み、絳帳《こうちょう》にして山河の英萃《えいすい》に富む」云々と記している。「遍照金剛」とは、空海が唐都長安で師主の恵果《けいか》和尚から贈られた灌《かん》頂《じょう》号《ごう》である。

中国では、往昔、大学の学舎を囲む街路には槐《えんじゅ》の樹が多く植えられていて、学生達はこれらの槐の並木の下で論義をかわしたことから、大学のことを槐林とか槐市と呼んでいたという。ちなみに真済が記す「青襟」とは青色の領《えり》の衣服を意味し、学生を指す。注目すべきは、空海の大学在学について「槐林の春秋を摘む」と表現しているのは、その在学が数年に及んでいたことを示唆していると言える。

寛平七年（八九五）三月に貞観寺座主《じょうがんじざす》が撰述したと言われる『贈大僧正空海和上伝記』にも、「（延暦）十年、幸いに槐市に遊聴し、経籍を歴学す、時に年十八」（『弘法大師伝全集』第一）とする。後世の伝記とは云え、「歴学」を「歴年の学習」と解すれば、やはり空海の大学での学習は数年に及んだことになる。というのも、多くの伝承では、空海は大学に入るや年余を経ずして中退したと言われているからである。その理由の一つは、『続日本後紀』の卒伝で「十八にして槐市に遊学す。時に一沙門有りて虚空蔵聞持法《こくうぞうもんじのほう》を呈示す」云々とあることにもよる。この記述については後に言及することがあろう。すでに述べたように、当時の大学は官吏への登庸試を受験する資格を得ることを目的としていたから、中退ということは官僚としての立身を選ばないことを意味していたのである。

わが国における大学（正式には大学寮）は、その創立当初から、式部省に属して経学の教授を基幹とした儒教為本の官吏養成の教育機関であった。だから大学を構成する四道（学科）のなかでも、儒教にかかわる経典や史書などを講ずる明経道が、その中核を占めていた。その他には明法道、文章道（後に紀伝道）、算道が置かれ、附随的に書道も設置されていた。明法道は律令格式などを学ぶ学科であり、文章道はまさしく「経国の基《もとい》」である文章を広く深く学ぶのだが、他の諸道に比して勢力が強く、主任教授ともいうべき文章博士《もんじょうはかせ》や文章道の学生の地位は、他の諸博士や学生に比して一層高く、学生も貴族良家の子弟で占められていた。それゆえに、叔父の阿刀大足のもとで三年間にわたって文章を学んだ佐伯直真魚が、いかに属文《しょくぶん》に勝れていたとしても、大学の文章道へ進むことは全く不可能であったろう。

このような身分による入学の限定が、後に空海をして、教育の機会均等と中立的な総合教育を目指して、誰でもが望めば入学して研鑽できる完全給付制の総合大学とも言うべき「綜藝種智院《しゅげいしゅちいん》」を創立せしめることになるのである。

さきにも触れたように、当時の大学は行政的には式部省に属していて、事務官として大学頭《だいがくのかみ》（学長）、助《すけ》、大允《だいじょう》、少允、大属《だいかん》、少属がいて、学生の簡試や釈奠《しゃくてん》などを職掌としていた。釈奠とは春秋の二仲の月の上丁《じょうちょう》に孔子らを祭る儀式をいう。教員としては、それぞれの道（学科）に博士一人、助教二人が配置され、他に令外の官として講師にあたる直講三人も置かれていた。更に各道共通の教員として、音博士が漢音を教え、他にも書博士や算博士がいて、それぞれ書道や算術などを教授していた（「職員令」四）。

空海、当時の佐伯真魚が入学した時の大学頭は、おそらく従五位上の阿保朝臣人上《あぼのあそんひとがみ》であったろう。そして真魚が進んだ明経道の博士には、同じ讃岐出身の外従五位下岡田臣牛養《おかだのおみのうしかい》が延暦十年（七九一）十二月十日付で任命されていた。まさに真魚が入学した年の就任であった。そして助教には同日付で、外従五位下の麻田連《あさだのむらじ》真浄《まきよ》が任ぜられ、今一人、宝亀七年（七七六）に唐国からの留学帰りで、新進気鋭の「春秋学」の学者であった外従五位下の伊与部連家守《いよべのむらじやかもり》がいた。彼は延暦三年（七八四）以来、「春秋三伝」つまり「春秋学」の『左氏伝《さしでん》』『公羊伝《くようでん》』『穀梁伝《こくりょうでん》』を講じていた（『日本逸史』巻七）。伊与部家守は明経請益生として入唐留学し、「五経大義并びに切韻、説文、字躰を習い、帰来の日に直講に任ぜられ、尋《つ》いで助教に転ず。大臣は奏して、左氏、公羊、穀梁の三伝の義を講ぜしむ」（『日本紀略』延暦十九年十月条）とある。

明経道で履修すべき経のテクストとしては、「周易《しゅうえき》、尚書《しょうしょ》、周礼《しゅうらい》、儀礼《ぎらい》、礼記《らいき》、毛詩《もうし》、春秋《しゅんじゅう》左氏伝《さしでん》をば、各《おのおの》一経と為《せ》よ。孝経、論語は、学者兼ねて習え」（「学令」五）とあり、それぞれに依用する注釈書も定められていた。すなわち「凡そ正業教え授けんことは、周易には鄭玄《じょうげん》、王弼《おうひつ》が注。尚書には孔安国《くあんこく》、鄭玄が注。三礼・毛詩には鄭玄が注。左伝には服虔《ふくげん》、杜預《とよ》が注。孝経には孔安国、鄭玄が注。論語には、鄭玄、何晏《かあん》が注」（「学令」六）となっている。そしてこれらの経の中、『礼記』と『左氏伝』は大経、『毛詩』『周礼』『儀礼』は中経、そして『周易』と『尚書』とが小経とされて、これらの中から二経の選択履修を望む者は、大経から一経と小経からの一経、もしも中経を選ぶものは、その中経から併《あわ》せて二経を履修し、三経のコースを選ぶ学生は大経、中経および小経から各々一経を選択して履修し試験に合格しなければならなかった（「学令」七）。

真魚は『春秋左氏伝』『毛詩』『尚書』の三経コースを選択履修したと伝えられている。この三経選択から、当時、真魚が求めた理想が那辺にあったかを知ることは困難であるが、留意すべきは、伝承では『春秋左氏伝』を助教の伊与部家守ではなくて、主任教授とも言うべき、同じ讃岐出身の岡田博士に就いて学んだとされることである（『遺告諸弟子』）。平安中期以降の成立と思われる『空海僧都伝』でも、「直講の味酒浄成に就いて毛詩、尚書を読み、左氏春秋を岡田博士に問う」とある。

これらの伝承に、いか程の信憑性がおかれるかは問題としても、伝承者の間で、若き日の空海が『春秋左氏伝』を岡田牛養から学び習ったとされたことはきわめて示唆に富む。

桓武天皇の二大政策であった遷都による旧来の仏教勢力の政治への関与の断絶と、度重なる蝦夷の東征が、双つながら必ずしも成功を収めてはいなかったのである。こうした状況のなかで、延暦三年以来、従来の『左氏伝』に加えて、『公羊伝』と『穀梁伝』とが新進気鋭の伊与部家守によって開講されることになった。それは偏に度重なる遷都の強行や、武力による数度にわたる東夷征討などを正当化せしめるイデオロギーの確立と無縁ではなかったと言われている。

つまり中央の華やかで勝れた文化や道徳によって、辺境の未開な夷狄《いてき》の暮らしを平安かつ豊かにならしめる理想的国家論を中核とする『公羊伝』などのテクストを大学生に聴講せしめることで、為政者の側からすれば度重なる東国への武力による蝦夷征討を容認し、かつ正当化するためのイデオロギーを、将来の官僚たるべき学生の脳裏にしっかりと植えつけるためであったとも言われている（加地伸行「弘法大師と中国思想と」）。

すでに述べたように、若き真魚の心には、長岡への遷都にかかわる忌まわしい想《おも》いと、東夷征討への違和感、とりわけ延暦八年（七八九）六月の征夷軍の無惨な大敗北が、かえって民衆への尨大な徴税となり、飢饉疫病の流行によって人びとは疲弊しきっていたのである。このような理想と現実との余りにも大きな隔絶乖離を見るにつけ、若き多感なる真魚は耐え難い空疎感のみならず、絶望的な嫌悪感すら懐くに至ったのではなかったのか。伊与部家守の『公羊伝』等を聴講しなかった真魚の心中は、単にこれらの聴講に限らず、大学での学習自体が空疎なるものと感じられるようになったのではなかったのか。

そのような時期に、真魚は仏教の経論と出会うことになる。すでに奈良時代の末期あたりから、知識人の間では仏教の経論を読むことが一般教養の学として盛行していた。一つには漢籍を読みこなすための語学力の養成とか、儒教の思想的かつ現実的な特質を正しく把握し理解するためでもあったのである。

奈良末期の学識たかき為政者、吉備真備《きびのまきび》（六九五―七七五）は儒仏二教を通底する教えとして、「二教院」を設立して一族の子弟を学習せしめた。ほぼ同じ時代の文人官僚であった石上宅嗣《いそのかみのやかつぐ》は自宅を阿閦寺《あしゅくじ》とし、その境内に「芸亭院《うんていいん》」を設立して公開図書館として、儒仏二教を学ばしめたと言う。また大学頭で文学博士を兼ねた淡海三船《おうみのみふね》（七二二―七八五）は鑑真《がんじん》の伝記『唐大和上東征伝』の著者として有名であり、一説に詩文集の『懐風藻』の編者とも言われるが、彼はまた大乗仏教の教理大綱を詳述した馬鳴《めみょう》の『大乗起信論《だいじょうきしんろん》』に対する注釈をも撰述したとも伝えられている。また真魚が在学中の大学頭であったと思われる阿保人上《あおのひとがみ》にも『華厳経序私記』一巻の著書があったことがわかっている（『東域伝灯録』）。

このような社会的状況のなかで、大学生であった真魚が仏典を手に執《と》ることも、何ら特異なことではなかったのである。ただしかし、真魚にとっての仏典の耽読は、もはや教養の学の域を遙かに超えて、そこに説かれている教説が自らの真に生き抜くべき道へと変ってきたことである。

紅葉山文庫本の『令義解』の紙背には、「大学弘仁式」の規定として、『春秋左氏伝』は七百七十日を限りとし、『毛詩』は四百六十日、『尚書』は二百日を限りとすると見えているから、真魚は大学へ進学した後、二、三年で自ら選択した三経コースを履修しおえたことになる。

だとすれば、延暦十二年（七九三）か十三年の秋には、官吏登用試験の貢挙試《ぐこし》を受験できたはずである。真魚の二十一歳の頃である。しかし真魚はその貢挙試を受けていない。

すでに言及したように、当時の大学は偏《ひと》えに官吏を養成するための教育機関であったから、九年間在学して、なおも貢挙試に合格し得ないものは退学処分に附された（「学令」八）。それは二十五歳を超えては官吏に採用されることはなかったからである。「選叙令」三十四には「凡そ位を授けんは、皆年二十五以上を限れ」云々とあるから、仮りに「学令」どうりに十六歳を最終年として入学した学生とすれば、九年間の在学で二十五歳となって、官吏登庸の資格を失うことになる。

十八歳で大学明経道に進んだ佐伯真魚の場合には、官僚としての貢挙試に合格しなければならない年齢は、延暦十六年（七九七）十一月以前ということになる。この期日に留意しておいて欲しい。

後になって天長元年（八二四）四月に空海が淳和天皇に上奏した「少僧都を辞する表」には、「空海、弱冠より知命に及ぶまで山藪を宅《いえ》とし、禅黙《ぜんもく》を心とす」と書いて、全国の僧尼を統括する僧綱《そうごう》職への就任を辞退している。このときの辞意は認められなかったのだが、注目すべきは、この上表において自らの来《こ》し方《かた》について「弱冠より知命に及ぶまで」云々と記していることである。弱冠とは二十歳を指し、知命とは五十歳をいう。このとき空海は五十一歳であった。

つまり空海、若き日の真魚は二十歳を過ぎた頃から大学の学窓を去ったことがわかる。

さきに言及した「亡名僧述」とされる『空海僧都伝』では、「博く経史を覧《み》るに、殊に仏経を好む。常に謂わく、我が習う所は古人の糟粕《そうはく》なり。目前に尚を益なし。況んや身斃《たお》るる後をや。真を仰んがには如《し》かず」云々とある。しかしこの伝承は多分に『懐風藻《かいふうそう》』に見られる釈道《どう》融《ゆう》の略伝の記事にもとづく叙述であったと思われる。その『懐風藻』では「釈道融は俗姓は波多氏。少《わか》くして槐市に遊ぶ。博学多才にして、殊に属文《しょくぶん》に善し。性は殊に端直なり。昔、母の憂《うれい》に丁《あた》り、山寺に寄住す。偶《たまさか》に法華経を見て、慨然にして歎きて曰わく、我れ久しく貧苦にありて、未だ宝珠の衣中に在るを見ず。周孔《しゅうこう》の糟粕《そうはく》、安《いずく》にか以《も》ちて意《こころ》を留むるに足らんやという。遂に俗累を脱《はな》れて落飾し出家し、精進苦行して心を戒律に留《とど》む」云々とある。

大学の学生は父母の死に遭遇したとき、一年間の休学と服喪が義務づけられていた。波多氏出身の道融は大学に在学中、母の死にあって、一年間を休学し山寺で喪に服した。その時、たまさかに『法華経』に出会い、その経に説かれる仏法こそ、まさしく宝珠にも比すべき教えであることを知る。その尊い教えに比して、今自らが大学で習っている周公旦《しゅうこうたん》の政治哲学や孔子の儒教の思想などは、「糟粕」つまり酒の搾《しぼ》り滓《かす》のようなものであり、留意するに足らぬと、早々に大学を退学して出家し、四分律《しぶんりつ》の権威者となったのである。

いかにも「性は殊に端直」な人の行動であったかに思える。さきに見た『空海僧都伝』での記述は、この道融の略伝による記述であったと思われる。佐伯真魚は道融のような短絡的な直情径行に走ることはなかったのである。真魚は多くの仏教経論に眼を通しながら、なおも根源へと還りうる道があるに違いないと思索と山林での抖擻《とそう》にあけくれるのである。

第二章　遠猷への思慕――俗を去って真に入る

第一節　『聾瞽指帰』撰述の意図

大学に進んで経学を修めた佐伯真魚は並外《なみはず》れた学識の広さと深さを示しながらも、二十歳を超えた頃おいに、さらに言えば恐らく二十一歳の秋あたりから、学窓を去って山林での抖擻《とそう》に身を委《ゆだ》ねることになる。一説には大学に入って間もなく、大安寺《だいあんじ》の勤操《ごんぞう》から虚空蔵求聞持法《こくうぞうぐもんじのほう》を受けて修行し始めたと云われるが、事実ではない。

当時、出家得度の条件として山林での三年以上の修行が必須とされていたのだが、しかしその修行の内容は必ずしも明らかではない。ただ奈良時代から、すでに吉野の比蘇山寺《ひそさんじ》を中心として虚空蔵法を修して自然智《じねんち》を了得する修行が盛行していたことが知られている（最澄『顕戒論』巻中）。自然智とは人々に本来あるがままに具有されている悟りの智慧をさす。これらの修行者のグループは自然智宗と呼ばれていたが、在来の仏教諸宗のように、特定の法脈を嗣《つ》ぐ師匠による受法は必要としなかった。だからその受法は、まさしく「一沙門」からで問題はなかったのである。空海とともに平安仏教の代表的な人物となった比叡山の最澄は当初、華厳を本宗としていたが、天台法華の教学を独学でマスターしての講説を、法脈を無視した異端者として痛烈に批判されている。後に自著の『法華秀句《ほっけしゅうく》』のなかで師資相承の法脈に触れて、「若し比蘇及び義淵《ぎえん》を言わば、自然智宗は稟《う》くる所なし」と記している。しかしその自然智宗で修せられていた「虚空蔵法」が具体的にいかなる修法であったかは明白でない。

空海が在世当時に、仏教界での最長老であった元興寺《がんごうじ》の護命《ごみょう》は法相宗の著名な学僧であったのだが、「年十五にして元興寺の万輝大法師を以て依止《えじ》と為し、吉野山に入り苦行す」とあって、「月の上半は深山に入り虚空蔵法を修し、下半は本寺に在りて宗旨を研精す」（『続日本後紀』の卒伝）とあるから、奈良時代から吉野で虚空蔵法が修せられていたことがわかる。

すでに大学の学窓にあって仏道に自らの生き抜くべき道を見出し得た真魚が、仏典の渉猟に加えて吉野の深山で虚空蔵法を修したことは、当然あり得たことである。その修法は特定の宗に属する師主ではなくて「一沙門」からの受法で問題はなかったのである。しかし注目すべきはその虚空蔵法がいかなる行法であったのかということである。

虚空蔵法に関する主要な経軌としては、養老二年（七一八）に唐国での留学から帰国した道慈《どうじ》が齎持したとされる『虚空蔵求聞持法《こくうぞうぐもんじほう》』一巻がある。詳しくは『虚空蔵菩薩能満諸願最勝心陀羅尼求聞持法』というが、わが国では天平九年（七三七）以降、しばしば書写された記録（「正倉院文書」）がある。

この『虚空蔵求聞持法』は、唐の開元四年（七一六）に唐都長安に入ったインド僧の善無畏《ぜんむい》三蔵が西明《さいみょう》寺《じ》菩提院《ぼだいいん》で最初に翻訳したもので、当時、西明寺に滞留していた三論宗の留学僧の道慈が善無畏三蔵から直接に、この『虚空蔵求聞持法』を習い受け、翌年の開元五年、わが国の養老二年（七一八）に齎持して帰国したものという（『扶桑略記』第六）。

余談にわたるけれども、道慈によってはじめて善無畏三蔵訳出の経典が齎《もたら》されたことが、この年すなわち養老二年に善無畏三蔵自身が来朝したとの伝説を生ずることになる。その善無畏三蔵は日本で『大日経』七巻を翻訳したのだが、時機未だ熟せずと察して、その『大日経』七巻を久米寺東塔の下に蔵匿して、唐国へ帰還したというのである。そして、その『大日経』七巻を、後に佐伯真魚が久米寺の東塔のもとで見出し得て、秘密の法門に出会い得たと云うのである。

この伝説は延暦二十四年（八〇五）八月二十七日の桓武天皇による「内侍宣」とも深いかか

わりを有している。その「内侍宣」は比叡山の最澄が天台の法門とともに真言の灌頂《かんじょう》の法門をも伝えたことに関連して出されたものであるが、その「内侍宣」には、「昔、天竺の上人自ら降臨すと雖も勤《つと》めて訪受せず。徒《むな》しく壑舟《がくしゅう》を遷《うつ》し、遂に真言の妙法をして絶えて伝うること無からしむ」云々というものである（『叡山大師伝』）。この「壑舟を遷す」とは死を意味するのだが、この術語を、「むなしく舟を浮べて唐国に帰る」と誤解して、その「天竺僧」を善無畏三蔵とみたのである。しかし、この「内侍宣」の「天竺上人」とは天平八年（七三七）に唐僧の道璿《どうせん》や林邑僧（ベトナム）の仏哲らとともに来朝したインド僧の菩提僊那《ぼだいせんな》を指しているのである。

その菩提僊那は華厳を本宗としながらも、唐国ではインド僧の金剛智《こんごうち》三蔵から密教をも受法し、その印信《いんじん》すなわち受法の証明として金剛智三蔵が身につけていた七條褐色袖袈裟一領を貰いうけている。菩提僊那はまた、わが国での弟子たちには、漢字音写ではなく「梵語陀羅尼」を読誦せしめたことが正倉院文書から知られる。

『虚空蔵求聞持法』を齋持して帰国した道慈とともに「釈門の秀」と称された神叡《じんえい》は、元興寺法相宗の祖とも言うべき人であり、さきに言及した護命の祖師とも言うべき人でもあるのだが、吉野の比蘇山寺で自然智を得たという（『延暦僧録』）。

さきにも触れた唐僧の道璿は、わが国では律などを講じたのだが、禅法をも伝え、さらに華厳や天台にも精通していた。鑑真《がんじん》より以前に、わが国にはじめて天台にかかわる一部の典籍をもたらしたのは、この道璿であった。吉備真備が編纂した『道璿伝』では、晩年に「俄《にわ》かに疾《やまい》を以て、比蘇山寺に退去す」（最澄『内証相承血脈譜』）とあるから、晩年は吉野の比蘇山寺で虚空蔵法を修める自然智宗のグループに身を寄せていたかもしれない。

かくて、奈良朝以来、吉野では自然智の了得を期して虚空蔵法を修することが、学問僧をも含めて盛行していたことがわかる。学窓を去った真魚もまた、このような修行者の群れに身を投ずることになったのではないか。しかしその間にも、なおも真魚は仏教経論を広く深く渉猟しつづけるのである。

学窓を離れて年余を経ても正式に出家することのなかった真魚に対して、親しき朋友からは、その非凡なる才能を惜しむ余り、批判の言葉や非難の罵声が投げかけられることにもなってくる。なかでも当初、師をともにして文章や漢籍を学んだ伊豫親王などは、真魚を将来は政界における自らの近侍とも考えていたのではなかったのか。浮浪の輩とも思える真魚の行動に対して、忠に反し孝に悖《もと》る最たる愚行と痛烈な非難の言葉をあびせたのではなかったのか。

縁者や同輩のこのような批判や非難に対して、もはや沈黙を続けられない時期を、真魚は迎えることになる。その時期とはもはや官僚として身を立てることができなくなる二十四歳の暮の十二月である。「選叙令」によれば二十五歳を超えて官僚になることはできず、そのためには二十四歳の十一月以前に、官界へ進むための貢挙試《こうきょし》に合格していなければならなかったのである。

今まさに、その二十四歳の十二月を迎えて、佐伯真魚は自らの所信の思いと選択すべき道を示すことになる。それが延暦十六年（七九七）十二月一日に撰述された『聾瞽指帰《ろうこしいき》』一巻である。「聾瞽」とは耳と眼とが不自由なことを意味するのだが、『文選』に「瞽《めしい》たるを発《ひら》き、聾《みみつぶ》れたるを披《ひら》く」とあるように、真魚自身の真摯な生きざまに耳目を傾けてくれない人びとを啓発せしめる書とも言うべきものである。

このとき真魚自身が筆をとって書いた原草本が高野山に伝わっている。その草本には撰者名の記載もなければ、この撰書を贈呈する人物の名前も見られない。しかしその原本の紙はきわめて上質なものと言われるが、語順の誤記には返り点が付され、欠字を右側に小さく書き添えたり、重複した句の右側には消し点が書きこまれているところからみて、この原本は或いは草稿本であって、これを清書した上で、しかるべき人へ献呈されたのではなかったのか。

ただし留意すべきは、その撰述の年月日の記載形式である。今、原本のままを、ここに転載してみよう。ただし幾つかの文字には当用漢字を使っている。

于時平朝御宇
瑞帝瑞号延暦十六年窮月始日

（平安なる朝廷の御世、祥瑞なる桓武帝の、いとも目出度き年号の延暦十六年十二月一日）

この年記で、「御宇」の下を二字ばかり空白とする「空格《くうかく》」の形式を採り、「瑞帝」以下を改行する「平起《へいき》」の作法に則《のっと》っての記載は、天皇への上表の形式であって、この撰述がまさしく天皇に準ずる高貴な人物への献呈であったことを示唆している。

ここで直ちに念頭に浮ぶのは、かつて阿刀大足のもとで、ともに文章や経学などを学んだ伊豫親王である。非凡な才能をそなえながらも、政界や官僚への道に進むことなく、あたかも浮浪の徒輩のように山林を流浪しつづける真魚に対して、時に厳しく辛辣な非難のことばを投げかけたであろう伊豫親王に対して、今まさに官界への進路を断たれた時期を迎えて、自らの悩める心情とともに、これから歩みつづけるべき道を示唆したものであったのである。

この著述は、学生でありながら、もっぱら遊蕩に耽ける青年に対して、その青年の母方の叔父が儒者に乞うて、非行を改めさせ、学問に専念すれば、官界において名をなし、俸禄にもこと欠かないと説く。ここに母方の叔父を登場せしめているのは、いかにも暗示的である。さらにこの作品の文体は、四字句と六字句の対句《ついく》表現である四六駢儷体《しろくべんれいたい》であって、それぞれの対句はすべて古典の内容を踏まえたものとなっている。当時の真魚がすでにして極めて達意の文筆家であったことを如実に示していると、中国文学者の福永光司氏は讃嘆する。

『聾瞽指帰』の序の冒頭では、「夫《そ》れ烈飈《れっぺょう》の 倏《たちまち》に起る。起ること虎の嘯《うそぶ》くに従い、暴雨の霶《ほう》として霈《はい》たり。霈たることは兎《つき》の離《かか》るを待つ」云々とあって、その異常とも言える文才に驚くばかりである。さらに注目したいのは、この序文のほとんどが一種の文章論となっていることである。たとえば、人には器用と不器用とが見られるように、詩文にも美醜があって、たとえば「曹建《そうけん》の詩も未だ齟齬《そご》を免れず、沈休《しんきゅう》の筆とても猶を病累《びょうるい》多し」と記す。

つまり三国時代の魏の曹建（一九二—二三二）ほどの詩文にも、まだまだ考慮すべきくいちがいが見られるし、南北朝の学者沈約《しんやく》（四四一—五一三）ほどの達意の人の文章にも、なおも欠点が多くみられる」というのである。ちなみにここで「詩」はもちろん韻文であるが、「筆」とあるのは散文を指す。

さらには唐の文人である張文成（六六〇—七四〇頃）が著わした気休めの小説『遊仙窟』なども、その筆力はすばらしく、文章も美玉をつらねたようであっても、その内容は濫《みだり》に淫事を恣《ほし》きままにしていて、優雅さに欠ける。またわが国の日雄《ひお》という人の「睡覚記《すいかくき》」とも言うべき作品は、巧みな弁説で綴られながらも、余りにも詭弁にすぎて失笑をかうことにもなっている、といった辛辣な批評の言辞がつづく。

真魚にとってみれば、これら著名な内外古今の文人達の作品とても、遺憾ながら、なおも我々の範とすべき名文の域には及んでいないと云うわけである。いかにもペダンティックな文章論とも思われるが、「余《われ》、恨むらくは高志妙弁、妄《みだ》りに雅製に乖《そむ》くことを」と述べながらも、これから示すこの『聾瞽指帰』の文章こそ、理趣にかなったものとの思いが込められているようにも感じられる。

この作品に登場する人物は五人であり、まず館《やかた》の主人である兎角《とかく》公が母方の甥の蛭牙《しつが》の学問に身をいれない非行に対して、儒学の権威である鼈毛《べつもう》先生に教誡を依頼することから始まる。儒教の思想が尨大なる典拠によって広範にわたり、多岐多様に説かれる内容は、そのまま真魚自身の学びそのものの内実を示唆していると言えるだろう。真魚がいかに多種多様な中国の古典に精通していたかを如実に示している。

鼈毛先生は幾度か忠孝の教えを強調しながらも、学問の重要性について説示して、「上は天子から下は凡庸なる童子にいたるまで、学問をしないで道理をさとった人もいなければ、教えに背いて物の道理がわかるためしもない」として、更につづけて「学堂に臨んで欠申すること、還《かえ》って毚兎《さんと》の蔭に睡《ねむ》るが若《ごと》し。首を懸《か》け股を刺《さ》すの勤《つとめ》、全く心の裏《うち》に闕《か》けたり」との蛭牙公子への訓誡は、後にこの『聾瞽指帰』の序と結頌を書き変えた『三教指帰《さんごうしいき》』の序で、空海自身の大学での勉学ぶりを示す譬喩として、螢雪の比喩とともにほとんどそのままの形で転載されている。

さらに留意すべきは、鼈毛先生の教誡のなかには、仏教の経典にもとづくものが幾度か認められる事実である。たとえば『過去現在因果経』『阿闍世王授決経』『法華経』あるいは『広弘《こうぐ》明集《みょうしゅう》』などに依拠しての説教は、当時、知識人の間では教養の学として多く仏典が読まれていたことを示唆している。

かくて髗毛先生は「宜《よろ》しく蛭牙公子よ、早く愚執《ぐしゅう》を改めて専ら余《わ》が誨《おしえ》を習うべし」と教誡して、「孔子の曰く、耕《たがや》すときは飢《うえ》、其の中に在るも、学ぶときは禄《ろく》、其の中に在り」と諫言《かんげん》する。これが『論語』衛霊公篇による訓誡であることは明らかであるが、農耕に力を尽して懸命に働いていても、時として自然の災害などで食べるにも事欠く場合があるけれども、学問を修めて官僚の世界へ進めば俸禄は生涯保証されると言うわけである。

この教誡に対して「誡なる哉、斯の言、当《まさ》に紳骨《しんこつ》に鏤《ちりば》め書《しる》すべし」と蛭牙に答えしめている。この訓誡のことばを肝に銘ずるために帯にも書きこみ骨にも刻みこんで、精励しようというわけである。

先程から、この集《つど》いの傍らで髗毛先生の話しを聞いていた異様な風采の虚亡隠士《きょぶいんじ》は、忠孝の教薬などは痛みを癒す効能さえないばかりか、むしろ人びとを死へと追いやりかねないと辛辣な批判を浴びせることになる。

「あなたの説教を耳にして、当初は高価な裘《かわごろも》を眺め、龍か虎にでも出くわしたような威勢よさを感じたのだが、聴き終った今では、龍どころか小さな蛇にも及ばず、虎にも似つかぬ鼬《いたち》を見るような思い」とまで酷評する。

自身の重い病を治療もしないで、他人の脚の腫《は》れを兎や角と発立《あばきた》てるのかとの言葉に、髑毛先生は一言も反駁することなく、悄然として「僕《われ》、兎（角公）が命に忍《しの》びずして、帥爾《そつじ》に輙《たやす》く談ず。伏して乞う、先生、異聞を発《ひら》き陳《の》べられんことを」とまで言わしめている。

かくて虚亡隠士は道術の教えを聴くための入門儀礼として、壇を築き仙術を学ぶ誓いを約せしめて、不死の妙術と長生の秘決を説き始めるのだが、問題は単なる長生か短命かではなく、大自然から与えられた性命《いのち》、つまり真に生き抜く本性を大切に全《まっと》う出来るか否かということだと説く。そして道教を志す者の常に心がけることとして、虫けら一匹とても傷つけてはならず、心に貪欲をいだかず、美食に耽けらず、孝道を守り信義の徳に従い、慈悲のおもいを懐《いだ》きながら無為《むい》の境地に身を置き、俗事を離れることが肝要と説く。

このような境地になって、始めて仙術を学び得るとして、虚亡隠士はようやく道教の仙術、不老不死の道術、種々の薬の服用による病魔や邪気からの防禦を教え、さらには道教独自の呼吸法や食事法へと説き及ぶ。かくて、世間の欲望から離脱し得て、心の趣くままに自由に天界のすみずみにまでも馳せ赴くことが可能となり、日月や天地とともに命をながらえることも出来るのだと説く。

そして「其れ吾が師の教えと汝が説く所の言と、汝等が楽しむ所と吾が類《ともがら》の好む所と、誰《いず》れか其れ優劣なる、孰《いず》れか其れ勝負なるや」と問いかける。

鼈毛先生は一言半句も反論することなく、兎角公や蛭牙とともに「並びに啓《ひざまづ》いて称して曰く、吾れ幸《さいわい》に好会に遇いて儻《たまたま》、讜言《とうげん》を承る」と言わしめ、更には、生臭い魚屋の悪臭と仙人が香をたく方壺《ほうこ》のかぐわしい薫《かおり》ほどの違いがあり、更には此の上もなく醜男《ぶおとこ》とこよなき美男子ほどの違いがあり、石ころと黄金、異臭を放つ雑草と薫香をただよわせる薬草の相違のように、二つの教えの優劣は明らかで比較にもなりませんとも言わしめている。

ここで最後に登場してくるのが、虚亡隠士よりも更に一段と異様な風采風貌の仮名乞児《かめいこつじ》である。

第二節　秘門との邂逅

仮名乞児の風貌たるや、髪は剃りおとして頭はまるで銅缶の底のようであり、顔は土鍋《どなべ》のようにくすんで、頬はこけ、貧相この上もなく、骨《こわ》ばった脚は池のほとりの鷺《さぎ》のようであり、ちぢこまった首はまるで泥中の亀のようだとあって、この上もなく自虐的な人物描写である。その仮名乞児が「偶《たまさか》に市に入るときは則ち瓦礫雨のごとくに集り、若し津を過《よ》ぎるときは則ち馬屎《ばし》霧のごとく投げらる」との記述は、学窓を去って逃役《とうえき》の輩《やから》と見違えられるように山林を抖擻《とそう》しつづける真魚自身に浴びせられた非難のことばを寓意したものではなかったのか。

しかしそのような仮名乞児にも「阿毘私度《あびしど》は常に膠漆《こうしつ》の執友たり、光明婆塞《ばそく》は時に得心の檀《だん》主《しゅ》たり」とあるのは、そのような真魚にも私度僧ながらも親密な理解者がおり、また光明とも思われる篤信の外護者も存在したことを暗示せしめているかに思われる。ちなみに阿毘とは梵語の阿毘跋致（avaivartika）の略語で不退転の決意を指し、私度とは国家公認の出家者でなく、私的な修行者を意味している。

さらに注目すべきは、仮名乞児の山林修行の場所について「或は金巌加祢乃太気に登って雲に逢うて坎壈《かんらん》たり。或は石峯伊志都知能太気に跨って粮を絶って轗軻《かんか》たり」云々と記されていることである。「金巌」を「かねのたけ」と訓じ、「石峯」に「いしづちのたけ」の読みを細字で附記している。「石峯」が伊豫の石槌山を指すことに異論はないとしても、「金巌《かねのたけ》」については同じく伊豫の金山出石寺とみなすのと、吉野の金峯山《きんぷせん》を指すとする両説がある。

他方、その仮名乞児が出自を問われて、「三界に家なく六趣は不定なり」と説かれるように、人にとって定まれる家などある筈もないのだが、今しばらく幻のごとき現世でのことを申しあげればとして、次のように答えさせている。

「頃日《このごろ》の間、刹那《しばらく》、幻のごとく南閻浮提《なんえんぶだい》の陽谷《ようこく》日本、輪王《りんのう》所化の下《もと》、玉藻《たまも》帰る所の島讃岐、豫《よ》樟《しょう》日を蔽《かく》すの浦多度に住す。未だ思う所に就かざるに、忽ちに三八《さんぱち》の春秋を経たり」云々とあって、自らの出生の地として「日本国の讃岐国多度郡」をあげ、『聾瞽指帰』を執筆したときの真魚自身の年齢二十四歳を記している。仮名乞児の言動に自らの思いを託していることがわかる。

山林の抖擻《とそう》にあけくれる仮名乞児に対して浴びせられる非難は、孝を尽くすべき両親があり、忠に励むべき君もいましながら、あたかも逃役の輩のような、真魚に対する浮浪者のごとき行動に対しての批判である。極めて辛辣な非難にこたえて、仮名乞児は自分にも人並みに親に孝行を尽くし、君にも忠義を捧げたい思いは念頭から片時も離れることなく、心が張り裂ける気持ちで一杯だと答えて、「二兄重《かさ》ねて逝《ゆ》きて数行汍瀾《すうこうかんらん》たり。九族倶《とも》に匱《とも》しくして一心潺湲《せんえん》たり」云々と嘆息せしめている。「私の二人の兄達は相次いで死亡して、悲しみの涙はとめどなく流れ、しかも頼りになる一族の親戚も次第に少なくなって心細い限り」というわけである。

この描写をも事実の反映とみれば、真魚には二人の兄がいたものの、若くして他界していたことになるが、事実か否か、もとより定かではない。

かくて「嗟呼《ああ》悲しい哉、進んで仕《つか》えんと欲すれば已に竿を好む主無く、退いて黙せんと欲すれば禄《ろく》を待つ親有り。進退の惟《こ》れ谷《きわ》まれるを歎き、起居の狼狽たるに纒《まと》わる」として自らの非才に歎息し、どうしてよいのか検討もつかぬと言う。そして「力を肆《の》べて畝《うね》に就かんとすれば曽《かつ》て筋力なく」云々という四字二十句の詩頌をあげて、自ら去就に迷って歎くばかりと心情の程を詠じながらも、「余《われ》、愚陋《ぐろう》なりと雖も清波を斟酌《しんしゃく》し遺風を鑽仰す。毎《つね》に国家の為に先ず冥福を捧げ、二親一切に悉く陰功《いんこう》を譲《ゆず》る」ことを断言する。つまり、仏典や儒道二教の教えを尊重し、自らが修行してきた陰徳を悉く国家と両親のために捧げるというわけである。

　更に言えば仏道の修練こそが、実には大孝大忠に通ずると確信して、常識的世間的な忠孝の枠にとらわれず、親戚や父兄からも離れて諸国を遊行したとも述べる。その流浪の旅路の途次に、たまたま立ち寄った兎角公の館での鼈毛先生と虚亡隠士との対談を耳にしたというのである。仮名乞児はそして、次のようにも言う。「両者の見解は一見、異なっているように見えても、その実、それぞれ共通の前提に立っての主張なのであり、それなりに人びとを感服せしめるものなのだ」と。

　その上で、「汝等、未だ覚王の教導の旨を聞かずや。吾れ当《まさ》に汝らが為に略《ほぼ》、綱目を述ぶるべし」と言って、「儒童《じゅどう》、迦葉《かしょう》は並びに此れ吾が朋《とも》なり。汝の冥昧《めいまい》を愍《あわ》れんで、吾が師は先だって遣《つか》わす。然れども機《き》の劣れるに依りて、浅く現前の膚《はだえ》を示して、未だ過未の脳《もとい》を演《の》べず。而《しか》るに各々殊《こと》なる途《みち》に執《と》われて、争いて旗鼓《きこ》を挙ぐ。豈《あに》、迷えるにあらずや」と述べる。きわめて留意すべき発言である。

　すなわち「あなた達は、これまで仏陀世尊の教説を聴聞したことがないのではないか。今その大綱を述べてみよう」と前置きして、「あなたがたが信奉している孔子（儒童）や老子（迦葉）は、ともに私達の仲間なのだ。私達の先師である仏陀世尊は、あなた達が愚昧《ぐまい》の渕《ふち》に沈んでいるのを不憫《ふびん》に想われて、まずは孔子と老子となるべき儒童と迦葉を中国に遣《つか》わされて、あなた達の機根《きこん》に合わせて、まずは現世での幸福の道を示されただけであって、根本的な真理である三世因果の 理《ことわり》 を説かせることはなかったのだ。それなのに、それぞれの道に固執して優劣を論ずるなど、なんと愚かなことでしょう」と云うわけである。

つまり『聾瞽指帰』では、表面的には三教不斉合論であるかに思えても、実際にはまさしく三教斉合であることが示唆されているのである。後に空海が強調する「法界は一味なり」という立場、いわばあらゆる宗教はすべてその根底にあっては有機的につらなっているとみるマンダラ住心の思想構造の萌芽は、すでにこの二十四歳の暮に著わされた『聾瞽指帰』のなかにほの見えているのである。

仮名乞児は虚亡隠士らの要請にこたえて仏道を説くのだが、まずは「無常の賦《ふ》」で仏教の基本的な世界観である「諸行無常」を文藻ゆたかに詠じ、舌説さやかに「生死海の賦」に及んで生死の苦源を説き、五戒、十善の精進道《しょうじんどう》を示して、こよなき悟りの静けき境地へと至る「大菩《だいぼ》提《だい》の果《か》」を賛嘆する。

これらの論及が謂わば通仏教的な教説の域を出るものでないとは言え、その論説は極めて尨大な量にのぼる多種多様な仏教経論に依拠してのことである。当時、真魚が渉猟していた仏典の数量は実に驚く程に多種多様であることが、この『聾瞽指帰』からわかる。なかでも、当時、偽作として禁書扱いになっていたとも思われる『釈摩訶衍論《しゃくまかえんろん》』十巻をすでに読んでいたのは驚きである。この論書は、後に空海が掲げる真言秘蔵の法門の必修である「三学録」にあって、必読の論書に挙げられることになる。

更に留意すべきは、仮名乞児の示す仏道が極めて広範多岐にわたる仏教経典や論書などに依拠しながらも、当時の南都六宗のいずれについても言及することなく、通仏教的論説の域を一歩も出ていない点である。それは、一つには真魚自身が仏道にこそ自らの生き抜くべき世界を見出し得ていたとは云え、南都の六宗を含む多岐多様に説示される仏教教説のほかに、なおも根源へと還るべき道があるに違いないと感じながらも、その真に生き抜くべき道を未だに見出し得ていないことを示唆しているのである。

そのことを暗示せしめる言葉を、真魚は仮名乞児をして次のように語らせている。「余《われ》も前《さき》には汝が如く迷い疑いき。ただし頃日《このころ》の間、偶《たまたま》、良師（釈尊）の教に遇《あ》いて既に前生の酔《えい》を察せり」としながらも、なおも多種多様に説かれる教説にあって、いずれの道が本源へと還帰せしめるのかの確信が得られていないのだ。その道は誰に尋ねてもわからないとあれば、釈尊が入滅を前にして遺誡されたことばに従うほかはないと自覚する。

すなわち「慈悲の聖帝（釈尊）、終りを示すの日、丁寧《ねんごろ》に補処《ふしょ》の儲君《ちょくん》、旧徳の曼珠《まんじゅ》等に顧命《こめい》して印璽《いんじ》を慈尊《じそん》に授け、撫民《ぶみん》を摂臣《しょうしん》に教ゆ」云々とする。つまり慈悲深き世尊は臨終の日に自らの志を継《つ》いで、次の仏陀となって大衆を救済すべきはずの弥勒菩薩《みろくぼさつ》に、自らの後継者としての証明となる印璽《いんじ》を授けて、将来の衆生救済について弟子達に伝えたというわけである。

そうだとすれば、釈尊なき今、自らの歩むべき本源へと還りうる道については、その弥勒菩薩を訪ねて聴聞するしかないことになる。しかし、弥勒菩薩のいます兜卒天《とそってん》へ赴こうとして、「馬に秣《まぐさか》い、車に脂《あぶらさ》して、束装して道を取る。陰陽を論ぜず覩史《とし》の京《みやこ》に向うも、経途に艱《なやみ》多くして人烟敻《じんえんはるか》に絶えたり。康衢《こうく》甚だ繁《しげ》くして径路未だ詳《つまびら》かならず」と言う。

釈尊なき後、遙かに遠い未来とは云え、仏陀として此の世に現われて衆生を導き救うことの証明を授けられた弥勒の里である兜率天へと向うところだが、途中の道は苦難にみち、人里遙《はる》かに遠く離れた彼方にあって、しかもその路も四方八方に分かれて、ひどく入り組み、一体どの路を辿ればよいのか、検討さえつかぬ有様というわけ。この描写こそ、まさしく当時の真魚自身の悩める心情を吐露したものではなかったのか。

実は、空海の弟子の真済《しんぜい》は、その頃の真魚の心情について、自らが編纂した空海の詩文集である『性霊集《しょうりょうしゅう》』の序で、大学へ進みながらも、「俗を出でて真に入り、偽を去りて真を得る」空海の若き日のことについて、「毎《つね》に歎じて曰く、提葉凋落《だいようちょうらく》して久し。龍葩《りゅうは》何《いず》れの春をか待たんや。吾が生の愚なる、誰に憑りてか源《みなもと》に還らん」としている。すなわち、「常に嘆息して言われるには、釈尊が入滅されて久しく、次の仏陀となるべき弥勒菩薩が現われるのはいつのことか。生来愚かなる私は、一体誰に頼って本源へと還りつく道をたどればよいのか」というわけである。

しかし真済はこの文につづけて「ただし、法の在る有り」として、空海がやがて本源へと還り得る教法に出会い得たことを示唆している。

その事実を、空海自身が弘仁十二年（八二一）に自らの来《こ》し方《かた》を回想して「弟子空海、性熏《しょうくん》我れを勧《すす》めて還源《げんげん》を思いと為す。径路未だ知らず、岐《ちまた》に臨んで幾度《いくたび》か泣く。精誠に感有りて此の秘門《ひもん》を得たり。文に臨んで心昏《くら》くして、赤県《せっけん》を尋ねんことを願う。人の願いに天順《したが》いたまいて、大唐に入ることを得たり」（『性霊集』巻七）と記している。

「秘められた仏性の働きにつき動かされて、この私は本源へと還りうる道を願い求めながらも、どうしてもその道がわからず、いかに生きるべきかの岐路にたたされて、絶望の余り、幾度か涙にくれました。しかし私の真実を求める誠心に天の感応あってか、此の深秘なる法門に出会うことができたのです。しかしその秘門の経典の文字に目を通してみても、一向に心に理解することはできなかったのです。そこで大唐に入って、その真髄を学び修めようと心に決めたのです」というわけ。

すでに大学にあって天下の秀才と認められ、中国の古典など自在に読解し得た真魚にとって、「文に臨んで心昏し」と感じたのは、おそらく初めての経験であったろう。そのことは、この出会い得た「秘門」が単に文字の表層的な意味をたどってみても、これらの文字の深層に秘められた真実義を体得しえない深秘な教法であったことを示唆している。

真魚がその深秘なる法門に出会い得た経緯や時期などについては、まったくわかっていない。『聾瞽指帰』では仮名乞児をして「父兄にも拘わらず、親戚にも近づかず、萍《うきぐさ》のごとくに諸州に遊び、蓬《よもぎ》のごとくに異境に転ず」と言わしめているところからみて、二十四歳を過ぎても、なお数年の遍歴はつづけていたのではないか。『聾瞽指帰』が撰述された翌年の延暦十七年（七九八）四月には年分度試の制度が改変されている。大義十条の厳しい簡試は兎も角として、得度者の年齢が三十五以上とされた。このために真魚が延暦十七年正月中旬以前に得度していなければ、この制度が再度改正されて得度者の年齢が二十歳以上に復したのが延暦二十年四月であったから、真魚は延暦二十一年（八〇二）、正月までは年分度者としての得度はできなかったことになる。おそらく真魚が「秘門」と出会い得たのも、その頃をや丶過ぎた時期ではなかったのか。

『続日本後紀』は空海のなき後、ほぼ三十年ばかりを経た時期に、藤原良房、春澄善縄等の編纂にかかる正史であるが、その巻四に記載の空海卒伝では、十五歳で舅《おじ》の阿刀大足に就いて文書を読習し、「十八にして槐市に遊学す」とした後につづけて、「時に一《ひとり》の沙門有り、虚空蔵聞持の法を呈示す。其の経に説く、若し人、法に依って此の真言一百万遍を読まば即ち一切の教法文義を諳記することを得」云々と述べて、この法を修したことで「此れより慧解《えげ》は日に新たにして、筆を下《おろ》せば文を成す。世に伝う、三教論は是れ信宿《しんしゅく》の間に撰する所なり」と記す。

つまり真魚、後の空海の類《たぐい》稀れなる異常な文才も、また三教の比較を論ずる『聾瞽指帰』が僅かに数日の間に撰述されたのも、すべてこの虚空蔵求聞持の法を修した結果だと言うのである。この『続日本後紀』では、真言の秘法の一である虚空蔵求聞持法の修法に対する宗教的雰囲気は微塵も感じられない。

すでに述べたように、吉野の比蘇山寺を中心として古くから虚空蔵法を修し、自然智《じねんち》を体得する自然智宗と呼ばれる修行グループが存在していた。若き日の真魚もまた、このようなグループに混交しての修行であったとしたら、法脈を重視しない虚空蔵法の典拠についての関心を強くしたに違いない。自然智宗で修せられていた虚空蔵法が実際にいかなる経軌によるものであったかは詳かでないが、虚空蔵求聞持法そのものは養老二年（七一八）に唐から帰国した留学僧の道慈《どうじ》によってすでに齋持されていた。この道慈の孫弟子に当たるのが、さきに言及した元興寺の護命であり、「月の上半は深山に入りて虚空蔵法を修し、下半は本寺に在って宗旨を研精す」とある「虚空蔵法」は或は道慈によって将来された虚空蔵聞持法であったかもしれない。

その虚空蔵求聞持法は唐の開元五年（七一七）に唐都の西明寺でインド僧の善無畏《ぜんむい》三蔵に

よって翻訳されたもので、詳しくは『虚空蔵《こくうぞう》菩薩《ぼさつ》能満《のうまん》諸願《しょがん》最勝《さいしょう》心《しん》陀羅尼《だらに》求聞持法《ぐもんじほう》』と言われる。当時その西明寺に滞留していた三論《さんろん》の留学僧道慈が、これをも貰い受けて、翌年のわが国の養老二年（七一八）に帰国したことはすでに述べた通りである。

真魚もまた、当然ながら「虚空蔵求聞持法」のテクスト、すなわち『虚空蔵菩薩能満諸願最勝心陀羅尼求聞持法』一巻そのものに目を通すことになる。かくて、この『求聞持法』は「金剛頂経成就一切義品に出ず」と書かれており、その翻訳者が「大唐中印度三蔵善無畏」であることを知ることになる。しかもこの『虚空蔵求聞持法』一巻は、現在知られる限りでも、天平九年（七三七）以降しばしば書写されている（石田茂作『奈良朝現在一切経疏目録』）。

この『虚空蔵求聞持法』自体には、この菩薩の心髄である陀羅尼を至心に百万遍読誦しつづけることで、あらゆる罪障が消滅し、一切の苦患が除かれるばかりか、「一たび耳目を経《へ》たる文義を倶《とも》に解《げ》し、之を心に記《とど》めて永く遺忘することなし」と説かれている。つまり、この虚空蔵菩薩の陀羅尼を如法に一百万遍誦ずれば、一旦眼に触れ耳にした経論の文とその深い実義を決して忘れることがないというのである。その末尾では「希有《けう》の心を生じ、真身《しんしん》の解《げ》を生ず」とあるとは云え、成仏法にかかわる言及はまったく見られない。『続日本後紀』が空海のこよなき文才を「虚空蔵聞持の法」の修法の結果と記すのも当然だということになる。

しかし実際には、真魚はこの『虚空蔵求聞持』を介して、「金剛頂経」や善無畏を手懸りにつとに将来されていた『開元釈教録《かいげんしゃくきょうろく》』によって、金剛智三蔵訳『金剛頂瑜伽中略出念誦経《こんごうちょうゆがちゅうりゃくしゅつねんじゅきょう》』四巻、善無畏三蔵訳『大毘盧遮那成仏神変加持経《だいびるしゃなじょうぶつじんべんかじきょう》』七巻などの密教の基本的な経典と出会うことになる。これらの経典はすべて、天平七年（七三五）に帰朝した留学僧玄昉《げんぼう》によって「大蔵経五百巻」の一部として日本に齎《もたら》されていたのである。これら両経はまさしく若き日の真魚が求めつづけた「還源の道」を示す真言密教の基本経典であったのだ。

仏陀世尊の説く世界に自らの生き抜くべき道を見出し得ながらも、なおも源へと還り得る道ありと信じながらの遍歴であったのである。今ようやくにして、その「秘門と出会い」得ながらも、俊才の真魚にとって、これまでかつて経験したことのない「文に臨んで心昏《くら》し」の情況に大きな衝撃をうける。「秘門」の経典の文字を読み進めてみても、一つの文字の底深く秘められていると思える真実義をまったく理解し得なかったのである。しかも当時、その奥義を教授してくれる師は、わが国には一人もいなかったのである。ここに真魚は師を唐国に求めることになる。

第三章　唐都長安での四運——三密の印、之を一志に貫く

第一節　入唐留学の経緯

わが国はいつの頃からか、唐国との間で二十年一来の使節の派遣を約束していたことが、たまたま天台山国清寺の僧の書状から、わかっている。留学生の唐国での滞留学習期間が原則として二十年間とされるのも、そのためである。

桓武天皇が第十六次の遣唐使節の派遣を決定したのは延暦二十年（八〇一）八月であった。さきの宝亀九年（七七八）に派遣した使節以来、二十四年ぶりのこととなる。この時期は、空海、実際には佐伯真魚が『聾瞽指帰』を著わしてから四年目に当たっている。

すでに言及したように、当時、真魚が正式に年分度者として出家得度が可能となるのは、「僧尼令」の改正によって、延暦二十一年正月であったことになる。石山寺に伝わる平安末期の書写と云われる治部省《じぶのしょう》への太政官符には、「留学僧空海」として出生地と戸主名を記し、「右、延暦二十二年四月七日出家入唐」云々とある。

第十六次の遣唐使節が難波住吉《なにわすみのえ》の三津崎を出帆したのは延暦二十二年四月十六日であったから（『日本紀略』前篇）、この年の四月七日に出家して十日ばかりで入唐ということになり、そのようなことは、どうみてもあり得ないことになる。『聾瞽指帰』を著わしてから後、「秘門との出会い」はいつ頃であったかも不明であるが、空海自身が記す「人の願いに天順いたまいて」の入唐留学がいかなる経緯をたどってのことであったのか。

当時では、年分度者としての正式な得度は毎年正月に宮中において「度牒」が授けられたし、更にまた、当時の年分度者は三論宗か法相宗かの、いずれかに限られていた。その場合は当然ながら得度の師主がいたことになる。そして得度の後は原則として三年間にわたる山林での沙弥《しゃみ》の修行をして、四月上旬に東大寺戒壇院で具足戒《ぐそく》を受けて戒牒《かいじょう》が授けられるのである。

だから一般に大僧の卒伝では、必ず得度の師主の名が記載されるのが普通である。たとえば空海が在世中に仏教界の最長老であった元興寺の護命《ごみょう》の卒伝では、「法師は俗名秦氏、美濃国各務郡《かがみ》の人。年十五にして元興寺万輝大法師を以て依止と為し、吉野山に入って苦行す。十七にして得度、便ち同寺の勝虞大僧都に就いて法相の大乗を学習す」云々とある（『続日本後紀』）。

ところが空海の卒伝では「讃岐国多度郡の人、俗姓は佐伯直《さえきのあたい》。年十五にして舅の従五位下阿刀宿祢大足に就いて文書を学び、十八にして槐市《かいし》（大学）に遊聴す」とあって、文章にすぐれて「三教論」（『聾瞽指帰』）などは「信宿《しんしゅく》」（一両日）の間に撰述し、書法にも長《た》けて「最も其の妙を得、張芝《ちょうし》と名を斉《ひと》しくし、草聖と称せらる」と記しながら、出家に関しては、ただ「年三十一にして得度す。延暦二十三年入唐留学し、青龍寺恵果和尚に遇いて真言を禀《う》け学べり」とあるのみである。もっとも、この卒伝では、末尾で「化去の時、年六十三」とするけれども、六十二が正しい。この卒伝の年齢の数字と得度のそれとの間隔が正しかったとすれば、得度は三十歳の時となり、さきに援引した治部省に宛てた太政官符での記述、「延暦二十二年四月七日出家」とあったのは、この年の四月七日に東大寺戒壇院で具足戒を受けたことを示唆していることになる。当時の律令制にあっては、得度の後、具足戒を受ける以前の二年間を沙弥としての修行が義務づけられていたことからみて、その年分度者としての得度は延暦二十年の正月でなければならないが、桓武天皇による年分度試制の改革によって、それは不可能であったことになる。

延暦二十年（八〇一）八月十日に遣唐大使に藤原葛野麻呂《ふじわらかどのまろ》、副使に石川道益、判官、録事に各々四人が決められていた。その後、留学生等も内定していったのだが、留学僧の一人に、後に空海とも深い交わりを結ぶことになる比叡山の最澄がいた。前述のように、桓武天皇は仏教政策として、三論・法相両宗の併習を勧める詔勅を幾度となく発布している。当時の年分度者はこれら両宗にのみ限られていたのだが、有無相反する立場にある両宗の論争は絶えることがなかったのである。かつて最澄はもともと華厳宗僧として得度を受けたのだが、中国の華厳宗の祖とも言うべき法蔵《ほうぞう》（六四三―七一二）が『華厳経』を注釈するのに、天台の智顗《ちぎ》（五三八―五九七）の『摩訶止観《まかしかん》』などを依用しているのを知って、それならばむしろ天台の法門こそ根幹をなすものと思考して、独学で天台の法門を学習する。かくて最澄は天台法華の教学こそ「釈迦一代の教を総括して、悉く其の趣きを顕《あら》わすに通ぜずということなし」と主張していた。

当時、桓武天皇の側近の一人で大学頭《だいがくのかみ》であり、高雄山寺の壇越《だんのつ》でもあった和気広世《わけのひろよ》の提案によって、南都の著名な学僧十余名をして、高雄山寺での最澄による「天台の妙旨」を聴講せしめた。参加者はすべて、この講会が朝意《ちょうい》によるものであることを承知していたのだが、その中には大安寺三論の善議《ぜんぎ》やその弟子の勤操《ごんぞう》、法相の修円《しゅえん》などがいた。善議は受講者を代表して桓武天皇に謝表を出し、「天台の教えこそ独《ひと》り諸宗を逾えて」おり、「六宗の学生《がくしょう》、昔より未だ聞かざる所」として「三論、法相の久年の争《あらそ》いも渙焉《かんえん》として氷釈せん」と記しているが（『叡山大師伝』）、なおも両宗の論争の絶えることはなかった。しかもこの時、その講筵には敢えて出席しなかった法相の学僧元興寺の護命《ごみょう》は、最澄が講じた天台の教学をいかなる法脈を歴てのものであったのかを詰問したものと思われる。つまり最澄の講説は正しい師主からの伝授をうけてのことでなく、独学によるものであって、信ずるに足りぬというわけ。いかなる宗門にあっても、その教法は正統な法脈を嗣《つ》ぐものでなくてはならなかったのであり、唯一の例外は吉野の自然智宗《じねんちしゅう》のみであったのだ。

この時、最澄は「幸いに天台の妙記を求め得て披閲すること数年、字謬《あやま》り行脱《ぬ》けて未だ細き趣きを顕わさず」とし、更に「若し師伝を受けざれば、得たりと雖も信ぜられず」(『叡山大師伝』)として、天台の法脈を正しく受け嗣ぐために、入唐留学を朝廷に申請することになる。当初は自らの弟子の円基を留学僧に、また妙澄を請益僧《しょうやくそう》として申請するのだが、桓武天皇自身、妙澄にかわって最澄自身の入唐を強く勧めたのである。

後漢の孝献帝の末裔の血を引くとされる最澄ではあったのだが、「最澄未だ漢音を習わず、また訳語に闇《くら》し。忽ちに異侶に対《むか》えば意緒《いちょ》を述べ難し」(『叡山大師伝』)ということで、通訳として沙弥の義真などをつれての入唐となったのである。

他方、空海は、第十六次の遣唐使節派遣が決定をみた時から程遠からぬ時節に、「精誠に感有りて、此の秘門を得た」ものと思われる。しかし「此の秘門」はこれまで目を通した仏典とはまったくその趣きを異にしていて、「文に臨んで心昏《くら》し」という、おそらく十五歳で叔父の大足に師事して学び始めて以来、はじめての経験をすることになる。つまり自らが「源へと還りうる道」と確信する「秘門」は単に文字の表相を眼で追って理解し、体得できるものではないとの自覚を得たのである。その奥義を伝授してくれる師主がわが国にいないとならば、「赤県（中国）を尋ねんことを願う」ほかないことになる。そして今やまさに、遣唐使節の派遣が決定を見ていたのである。

別の箇所で述べたように、外交使節を遣《つか》わす場合に、もっとも重要で、かつ留意しなければならないのは外交文書の撰書である。かつて我が国が第一回の遣隋使として小野妹子《おののいもこ》を遣わしたときに呈上した国書が、隋の煬帝《ようだい》を激怒せしめて、あわや国交断絶をもたらしかねなかったのである。

ちなみにその国書とは、『隋書倭国伝』によれば、隋の大業三年（六〇七）、わが国の推古十五年に其の王の多利思比孤《たりしひこ》が使を遣わして朝貢したときに呈上したもので、次のごとくである。敢えて原文のままを援引してみる。

「日出処天子、致書日没処天子、無恙、云々」とあって、「帝は之を覧て悦《よろこ》ばず、鴻臚卿《こうろけい》に謂って曰く、蠻夷《ばんい》の書、無礼なるもの有り。復《ま》た以て聞すること勿《なか》れ」と記されている。「日出ずる処の天子、書《ふみ》を日没する処の天子に致す、恙《つつが》無きや」という国書の一体いかなる文句が、煬帝をして無礼極わまる蠻夷の書と怒らせたのか。

一般的には、本来二人とあってはならない天帝に代って天下を治める「天子」と云う称号を、日本の天皇にも用いている非礼に対する不興であったとみるし、かつて私自身もそのように考えたこともあった。しかしそれは間違っている。チベットの国王が煬帝にあてた書状にも、自らを天子と呼び煬帝に対しても天子の称号を使っていたのだが、まったく問題は生じていないのである。

中国では六朝以来、実にしばしば「書儀《しょぎ》」とか「月儀《がつぎ》」といった公的文書や私的な書状などの作法や挨拶用語など詳細に解説した書物が、実に多く刊行され、そのほとんどが我が国にも伝来していた。これらの「書儀」類によれば、さきの国書に対して煬帝が激怒したのは、「致書」(書《ふみ》を致《いた》す)という僅か二字の使用にあったことがわかるのである。「書儀」類によれば、「致書」というのは、自分と同等か、或いは自分より身分の低い者に対して使用する用語なのである。そのことを煬帝は「蛮夷の書」で「無礼なるもの」と憤慨したのである。皇帝、天皇に対しては「上表」すなわち「表《ふみ》を上《たてまつ》る」と書かねばならないのだ。朝鮮半島の三国がすべて隋国の冊封《さくほう》体制のもとにあったのに対して、わが国は小国なりとも完全なる独立国である以上、隋国とでさえ対等と考えていたとしても、何よりも面子を重視する煬帝への国書としては一考を要するところであったろう。

外交文書や公的文書はもとよりのこと、私的書状にあっても書札礼の欠如は、相手の自尊心を損ねるばかりでなく、自らの無知蒙昧をさらけ出すことにもなるのである。

かくて、今まさに第十六次の遣唐使節を派遣するに際して、最も重要な外交文書を担当する補佐官として空海を推挙したのは、かつてともに阿刀大足のもとで文章を学び、空海の異常な文才と博学を知悉していた伊豫親王であったろう。桓武天皇から最も寵愛をうけていた伊豫親王は、この時、式部省の長官の位にあった。今まさに「秘門」を得ながらも、「文に臨んで心昏《くら》く、赤県《せきけん》（唐国）を尋ねんことを願」っていた佐伯真魚を、勅命による臨時度者として出家せしめ、まずは外交補佐を「銜《ふく》」ませての入唐となったのである。「人の願いに天順いたまいて」という空海自身の表現が、その事実を端的に示唆してもいる。

更に言えば、空海の入唐の経緯は、帰国後に朝廷に提出した『請来目録《しょうらいもくろく》』自体が如実に語っている。空海直筆の『請来目録』は現存しないが、これを逸早く書写した最澄の自筆本が残っている。今、問題の箇所をそのままに引いてみる。ただし一部の漢字は当用漢字を依用した。

上新請来経等目録表
入唐学法沙門空海言空海以去延
暦二十三年銜　命留学之末問津
万里之外其年臘月得到長安（以下略）

これは『請来目録』の上表の一節であるが、「銜」と「命」との間を二字分空白とする「空格」の書式にしたがっていることに留意すべきである。つまりこの「命」は天皇の勅命であり、「銜」は「口にふくまされる」ことを云う。つまり勅命による事柄を先ずは「口にふくまされ」て、本来の留学は之の末、つまり「口にふくまされた」本務をまずは完了した後のこととすることでの入唐であったのだ。「命を留学の末に銜《ふく》む」と訓じて、これを「留学生の末端をけがしての入唐」と解するのは字面《じづら》にかまけての浅薄な訓《よ》みにすぎない。更に『請来目録』の本文では、次のように見えている。

空海去延暦二十三年季夏之日
随入唐大使藤原朝臣同上第一船
発起咸陽其年八月到福州着岸
十二月下旬到長安城宣陽坊官宅
安置二十四年仲春十一日大使等旋
軔　本朝唯空海子然准
勅留住西明寺永忠和尚故院（以下略）

ここで注目すべきは、今まさに臨時度者として出家したばかりの空海が、遣唐使船団の四船の中、最も立派な大使の第一船に乗船している事実である。それはまさしく「入唐大使藤原朝臣」の「随」行としての乗船であったのだ。その随行の目的が外交文書の撰筆にあったことは、上陸の後、「大使が福州の観察使に与うるが為の書」（『性霊集』巻五）を代筆している事実からも明白である。ちなみに、後世、本居宣長は此の空海の代筆を外交文書として最も勝れたものと評価している。

しかも更に留意すべきは、空海が外交使節の一員として長安城に入り、唐の朝廷が提供した官宅に藤原大使と共に入住している事実である。この間の状況は『日本後紀』が如実に伝えている。すなわち日本の年号で延暦二十三年の「十二月二十一日、上都長楽県に到り着す。二十三日、内使趙忠が飛龍家の細馬二十三匹を将《ひき》いて迎え来る」とあって、空海もまた遣唐使節の一員として、その飛龍家の馬一頭に「駕して即ち京城に入り、外宅に於て安置供給」されているのである。空海自身もまた、さきに掲げた『請来目録』で「十二月下旬、長安城に到り宣陽坊の官宅に安置さる」と書きとめている。今まさに得度出家したばかりの単なる若き留学僧が、唐の朝廷が提供した官馬に駕して入京し、また官宅に安置されることなど有り得ない。

空海が外交補佐の任務を「銜《ふく》」んでの入唐であった事実を決定的に示唆しているのが、前掲の『請来目録』での記述である。すなわち「(延暦)二十四年仲春(二月)十一日、(藤原)大使等は軔《かなえ》を本朝に旋《めぐ》らす。唯だ空海のみ孑然《けつぜん》として、勅に准じ、西明寺の永忠和尚の故院に留住す」とあるのが、それである。先に掲げた原文に明白なように、「本朝」の前と「勅」の前をそれぞれ二字分空白とする「空格」の書式と、その「勅」を改行せしめる「平起」の様式は、空海の入唐が先ずは遣唐大使の外交補佐、とりわけ外交文書の撰筆を任務とすることを「銜《ふくまさ》」

れてのことで、その任務を果した上で、大使一行が長安の都を離れ帰国の途につくに及んで、はじめて本来の留学生活に入るということであったのである。

それが、まさしく空海自身が言う「人の願いに天順いたまいて、大唐に入ることを得たり」ということであったのだ。そのことを実現せしめたのは、かつて学友関係にあって、空海の異常な才能を熟知していた同門の伊豫親王その人を措いて他にいない。空海自身、自ら撰書した師主恵果和尚の碑文のなかで、「来たること我が力に非ず。帰らんこと我が志に非ず。我れを招くに鉤を以てし、我れを引くに索を以てす」云々と詠じている。自らの入唐も帰国も、ともに自己の思慮分別を越えた奇しき宿縁によることを示唆している。

第二節　真言秘法の受学

空海は在唐の日、同侶の惟上《いしょう》に技巧的な離合詩《りごうのし》を創作して贈ったことがあった。この詩をみた泉州の長官で、当時一流の詩人でもあった馬摠《ばそう》は空海の異才ぶりを驚き怪《あや》しんで、次のような詩を空海自身に贈っている。

何乃万里来、可非衒其才、増学助玄機、土人如子稀（何ぞ乃《なんじ》、万里より来《きた》れるや、其の才を衒《てら》うに非《あらざ》るべし、増《ます》ます学んで玄機《げんき》を助けよ、土人《くにびと》には子《なんじ》の如きは稀れなり。）

「あなたは一体何のために唐の国へ来られたのか。まさか自分の文才をひけらかすためではありますまい。一層の勉学をなさり、深奥なる道理を極《きわ》めてほしい。唐国にはあなた程の文筆にたけた人は稀れである」

ざっとこんな意味になろうか。空海は後に数多くの勝れた真言教学にかかわる著述をものするのだが、文学の創作理論書としての『文鏡秘府論《ぶんきょうひふろん》』六巻と『文筆眼心抄《ぶんぴつがんじんしょう》』一巻を撰述している。前者の序で「貧道《ひんどう》、幼《わか》くして表舅に就きて頗る藻麗《そうれい》を学び、長じて西秦《せいしん》に入りて粗《ほ》ぼ余論を聴く」云々と記している。「貧道」とは僧侶が用いる謙遜の自称であり、「西秦」とは唐都長安を指す。「耳目の経《ふ》る所、未だ嘗《かつ》て究《きわ》めずんばあらず」(『性霊集』序)と言われる程の空海であってみれば、長安ではほとんどすべての著名な文人墨客を訪ねて、文章の奥義や書跡の真髄をも究め尽くしたと思われる。

当時すでに李白《りはく》や杜甫《とほ》などは存在しなかったとしても、韓退之《かんたいし》、白楽天《はくらくてん》、柳宗元《りゅうそうげん》などは猶も活躍していたし、著名な書家の顔真卿《がんしんけい》はいなかったけれども、柳公権《りゅうこうけん》や韓方明《かんほうめい》といった錚々たる書家が名を馳《は》せていた。後に帰国後、嵯峨帝への「劉希夷が集を書して献納する表」のなかで、空海は「王昌齢の詩格一巻、此れは是れ在唐の日、作者の辺に於て偶々此の著を得たり」(『性霊集』巻四)と記し、その他にも貞元英傑の六言の詩とか、王羲之、褚遂良《ちょすいりょう》の筆跡、飛白《ひはく》の書なども、在唐の頃に試みに書きならったとも記している。「余《われ》、海西《かいせい》に於て頗《すこぶ》る骨法《こっぽう》を閑《なら》えり」とあるのが、そのことを示している。それのみか、空海はまた筆や墨の製法をも学んでいた。

やはり帰国後のことではあるが、嵯峨帝に「筆を献ずる表」のなかで、真書用、行書用、草書用、写書用の四管の狸毛の筆を造らせて献上し、「字勢の麁細に随って揔《す》べて取捨するのみ」云々とし、「春宮に筆を献ずる表」においても「能書は必ず好筆を用う」とも記している。空海ほど筆を選んだ人はいなかったのだ。一世代後の仁寿三年（八五三）八月に唐の福州に着いた円珍は、福州開元寺の寺主恵灌《えかん》から「五筆和尚は在《いま》すや無《いな》や」と聞かれた。しかし一瞬、誰のことかと戸惑ったが、「是れ大僧正空海大法師のことなるを知りて、亡化せらる」と答えた。それを聞いた恵灌は「胸を槌《たた》いて悲慕し、（空海の）異芸の未だかつて倫《たぐい》あらざるを称した」と日記に書きこんでいる。

空海は在唐中、五筆和尚とも呼ばれていた程の能筆であったのである。五筆とは楷行草等の筆法を指しているのだが、十世紀の『金剛峯寺建立修行縁起』や『扶桑略記抄』二などで、唐の宮廷の三壁に王羲之の書跡があったものの、他の一壁は修理して空白のままになっていたのを、皇帝が勅を下して空海に揮毫を命じた。そこで空海は「筆を五処に執りて、五行同時に書す」としている。つまり口と両手両足に五本の筆をとり、同時に五行の字句を書きおろしたというわけである。このような浮薄な伝説化が、事実としての「五筆和尚」の名声をかえって損うものとなってしまっているのである。

いずれにもせよ、こうした文筆墨蹟にかかわる空海の探究は、すべて宣陽坊の官宅に逗留している間のことであったのである。藤原大使の外交補佐をつとめながらの文人墨客への訪問尋究であった。この期間、空海はまた精力的に長安の主要な仏教寺院を周遊して、仏教界の現状をも的確に把握していたのは驚きである。更に空海は帰国する藤原大使に自ら蒐集した玄宗皇帝の製とされる「一行阿闍梨碑文」を托して国家に奉じている（『高野雑筆集』巻下）。おそらくそれは空海自身が自らの留学の目標を国家に明示するためであったと思われる。

一行禅師（六八三―七二七）は俗名を張遂といい、著名な算道学者であり、暦学者でもあった。吉備真備《きびのまきび》が齎持した『大衍暦《だいえんれき》』五十二巻は、この一行禅師が出家以前に撰述したものである。彼は両親が同時に不慮の死をとげたことにより、荊州の玉泉寺で出家する。この玉泉寺は天台大師智顗《ちぎ》が滞留した寺でもあり、一行禅師は天台僧としての出家であったのである。しかし荊州を後にした一行禅師は洛陽や長安で、インドから来唐した密教僧の金剛智三蔵に就いて『金剛頂経《こんごうちょうきょう》』系の密教を受け学び、また善無畏《ぜんむい》三蔵とともに『大日経《だいにちきょう》』七巻を翻訳し、かつ自らその注釈『大日経疏』十巻を著わしてもいる。

空海が帰国する藤原大使に「一行阿闍梨碑文」を託したのは、「人の願いに天順いたまいて」入唐し得た空海が、その「天」すなわち桓武天皇、更には伊予親王に対して、これからの自らの留学が一行禅師によって象徴される金剛頂系と大日経系の両部にわたる「秘門」の受法にあることを報告する意図あってのことであったと、私は考えている。

空海が移住した西明寺は西市に近い延康坊にあって、祇園精舎《ぎおんじょうじゃ》を模して建立されたと伝えられる。かつてこの寺で善無畏三蔵が訳出した『虚空蔵求聞持法《こくうぞうぐもんじのほう》』を直接に貰い受け、わが国の養老二年（七一八）に帰国した道慈《どうじ》は、この西明寺の設計図をも持ち帰って、都が藤原京から平城京に移るとき、その設計図をもとにして大安寺《だいあんじ》を建立したとも伝えられている。

また宝亀年間に入唐して、三論《さんろん》を学びつづけ、長安で蒐集し得た典籍を渤海国《ぼっかいこく》の呂定琳《ろじょうりん》などに附託して朝廷に進上し、その褒賞として沙金三百両と太政官書などを贈られた永忠も西明寺に逗留していたのだが、空海と入れかわりに藤原大使の船で帰国し、後に空海とも親密な交わりを結ぶことになる。

西明寺には、当時、四分律《しぶんりつ》の権威であり、何よりも当代一流の仏教史家でもあった円照《えんしょう》がいた。彼には『貞元新定釈教目録』三十巻の編纂があって、仏教経軌の存在を一目瞭然たらしめ、また一行禅師の伝記も著わしたと言われるが、現存しない。しかし円照が編んだ『代宗朝贈司空大弁正広智三蔵和上表制集』六巻、謂わゆる『不空表制集』は中国に密教が流伝し定着していった経緯を知り得る唯一の資料と言ってよい。彼にはまた『般若三蔵続古今翻訳図記』二巻があったことも知られているが（『宋高僧伝』巻十五、『続開元釈教録』巻中）、円照はインド僧般若三蔵が来唐して長安で仏典翻訳を始めた当初から、その訳場で常に「筆授《ひつじゅ》」として関係を保持しつづけていたのである。

西明寺には今一人、注目すべき人がいた。疎勒国《そろくこく》すなわちカシュガル出身の慧琳《えりん》がその人である。彼は西域各地の言語やインドの梵語に精通していたばかりでなく、中国の詁訓《こくん》にも精奥ならざるはなく、何よりも留意すべきは、かつて「不空三蔵に事《つか》え、室灑《しつしゃ》を為す。内に密教を持し、外に儒流を究《きわ》む」(『宋高僧伝』)と言われることである。語学の天才で儒教にも仏教にも精通し、何よりも不空三蔵に就いて秘門を受けていたとあらば、空海にとっては、こよなき先達たるべき人師であったことになる。しかし慧琳は早くから漢訳仏典を正しく読むための手引書とも云うべき『一切経音義』百巻の撰述に余念がなく、その場合、「大略、七家の字書を以て釈詮す」とあって、『玉篇』『説文』『字林』『字統』『古今正字』『文字典説』『開元文字音義』の七辞典を依用したという。

このように掻首の暇とてない慧琳について、空海が梵語等を学ぶことは不可能であった。その空海を醴泉寺に滞留するインド僧の般若三蔵に出会わしめたのは、当初から般若三蔵の翻訳場で「筆授《ひつじゅ》」をつとめつづけてきた円照であったろう。

般若三蔵は、北天竺の出身であり、父の姓は喬答摩《がうたま》(Gautama)、母は羅《ら》氏《し》であったと言うから、おそらく西域の人との混血であったろう。早くから出家し、北天竺では阿含《あごん》の仏教を学び、中天竺のナーランダーでは大乗の瑜伽唯識《ゆがゆいしき》、中辺《ちゅうへん》等の論書、声明《しょうみょう》すなわちインド言語学全般などを学習し、更には因明《いんみょう》（論理学）、医明、工巧明《くぎょうみょう》などをも学んだという。その頃、南天竺に持明蔵《じみょうぞう》（真言陀羅尼《しんごんだらに》の教法）が尚ばれていることを知り、「南天の烏荼王寺《うだおうじ》に詣《いた》り、瑜《ゆ》伽《が》教を習い灌頂壇《かんじょうだん》に登って、五部真言を悉く皆な諮受《しじゅ》す」と伝えられている。

七世紀後半から南天竺では金剛頂経系の瑜伽密教が興隆盛行し、その金剛頂系の密教をはじめて中国に齎持した金剛智三蔵は南天竺の摩頼耶《まらや》国の人と言われているが、一行禅師に真言の法を授け、また不空三蔵の師主となった人である。

般若三蔵が南天竺から海路入唐したのは、中国清涼の五峰に在《いま》すと伝えられる文殊菩薩を拝し、大唐に仏法を伝えんがためであったという。早くから唐国と罽賓《けいひん》国との間では使節の往来がしきりに見られ、加うるに当時、長安には母方の従兄であり、神策将軍でもあった羅好心《らこうしん》などの郷親がいた。彼は般若三蔵を「家に留め供養」して仏典の翻訳を勧奨した。当初は西域地方の言語訳である胡本《ごほん》から景教《けいきょう》僧の景浄《けいじょう》、すなわちキリスト教ネストリユウス派のアダムとの共訳であったが芳しくなく、自ら齎持した梵本からの最初の翻訳が『大乗理趣六波羅蜜経』十巻であり、この時の筆授をつとめたのが円照であったのだ。

留意すべきは、空海が藤原大使等とともに長安に入京する一ヶ月前に、般若三蔵は『守護国界守陀羅尼経』十巻を訳了して徳宗皇帝へ献上している。この時の筆授もまた「西明寺賜紫沙門円照」と記載されている。「秘門」を求めて入唐した空海を、その受法に不可欠な梵語等の習得のために、まずは般若三蔵への師事を仲介したのは、この円照であったろう。醴泉寺には他にもインド僧の牟尼室利《むにしり》がいた。空海自身、後に「貧道、大唐の貞元二十一年、長安の醴泉寺に於て般若三蔵及び牟尼室利三蔵に南天の婆羅門《ばらもん》等の説を聞く」(『広付法伝』巻一)と記している。

醴泉寺には、当時、青龍寺の恵果和尚の弟子の義智もいた。空海が長安に入る以前の、それ程遠からぬ時期に、恵果は義智のために金剛界大曼荼羅を図画せしめ、自ら醴泉寺へ出向き「尊位を併布して」供養を行っている。そしてその法要には「般若三蔵及び諸々の大徳等」も参列したというから(『広付法伝』巻二)、醴泉寺で般若三蔵から梵語やバラモン等の説を学び習っていた空海が「秘門」を求めて入唐したことを、恵果は弟子の義智や知己の般若三蔵あたりから耳にすることがあったかもしれない。

それから程なくして、青龍寺東塔院へ恵果和尚を訪ねた空海に対して、恵果は「我れ汝が来たらんことを知りて、相い待つこと久し。今日相見《あいまみ》ゆ、大《はなは》だ好《よ》し大だ好し」と言ったという(『請来目録』)。同様のことは真済も『性霊集』序で伝えているが、その時期はおそらく、唐の貞元二十一年(八〇五)の五月頃であったろう。自らの余命がもはや幾許《いくばく》もなしと実感していた恵果和尚は、一瞥して空海を尋常ならざる人物と知り、直ちに「秘門」の伝授を勧奨する。

かくて、先ずは密教の戒である「三昧耶戒《さんまやかい》」を授けることから、その受法は始まる。三昧耶（samaya）とは「平等」を意味し、自心と仏心と衆生心との三者は本質的本来的には絶対に平等でつながっている、との自覚をもたらす戒であり、その根底には、一切存在の本質的本来的な絶対平等を表わす「勝義《しょうぎ》、行願《ぎょうがん》、三摩地《さんまじ》」という三種の菩提心《ぼだいしん》がある。「菩提《ぼだい》」（bodhi）とは「目覚《めざ》め」を意味するけれど、一般に「悟り」（覚悟）と言われ、その「悟りの心」は本質的にすべての存在に本来的にそなわっているのである。その自覚へと導くのが「三昧耶戒」である。別にまた「発菩提心戒《ほつぼだいしんかい》」とも呼ばれるのは、そのためである。

六月上旬には大悲胎蔵《たいひたいぞう》の曼荼羅《まんだら》壇場《だんじょう》に臨み学法灌頂《がくほうかんじょう》をうけ、七月上旬には金剛界の大曼荼羅に臨んで重ねて五部の灌頂を受けている。「灌頂」（abhiṣeka）とはもともと古代インドの国王の即位式であり、四大海の水を頭頂に灌《そそ》ぐことで、全世界を統治しうる王位に即《つ》くことを象徴する儀礼を云う。仏教では、仏の五智を象徴する五瓶の水を弟子の頭頂に灌ぐことで、五智五仏の仏位を継承することを示す最も重要な儀礼である。

恵果和尚は、善無畏三蔵によって齎持された『大日経』系の大悲胎蔵の密教と、金剛智三蔵、不空三蔵によって伝持された『金剛頂経』系の金剛界の密教を、両部不二として修め伝えていたのである。

密蔵の法門を受け学ぶためには、学法灌頂（別に受明灌頂とも云う）を受けて自らの本尊との縁《えにし》を結ばしめ、その本尊の印契《いんげい》や真言《しんごん》（明《みょう》とも）を授かり、それにもとづいての瑜伽観法《ゆがかんぼう》すなわち、深き瞑想による真理の直覚のための修行に入るのである。受法修行者の本尊を定めるために、空海もまた法に依って、目隠しをして曼荼羅壇場に花を投じたのだが、大悲胎蔵の場合も金剛界の時も、ともに曼荼羅の中尊の摩訶毘盧遮那《まかびるしゃな》（Mahāvairocana 大日）如来の身上に着いた。これを見た恵果阿闍梨は「不可思議よ、不可思議よと再三讃歎」したと、空海自身が記している。

その投華得仏の儀礼の後、それぞれ曼荼羅の中央の尊格である五仏五智を象徴する法水を頭頂に灌ぐ儀礼を受け、仏と自己と一体となる三密《さんみつ》の加持《かじ》を受ける。「三密加持」とは、手に本尊の印契《いんげい》を結び、口に本尊の真言《しんごん》を低誦し、意《こころ》に本尊の境位を観想して、本尊と自身とが感応道交するヨーガの修法を云う。この修法、すなわち「諸尊の瑜伽観智《ゆがかんち》を学ぶ」ために「梵字儀《ぼんじぎ》軌《き》」つまりインドの梵語で書かれた修行次第《しゅぎょうしだい》を授かり、この儀軌によっての瑜伽観法が、それぞれ大悲胎蔵と金剛界の両部について修せられたのである。その実践修行について詳述することは控えざるを得ない。

かくて八月上旬には伝法阿闍梨位《でんぽうあじゃりい》の灌頂をうけることで、恵果和尚からの秘門の受法は余すところなく、すべて完了したのである。恵果和尚の俗弟子の呉慇《ごいん》は「恵果和尚碑文」において、空海の受法について「日本の沙門空海有りて、来りて聖教を求むるに両部の秘奥壇儀印契《ひおうだんぎいんげい》を以です。漢梵差《たが》うことなく悉く心に受くること、猶し瀉瓶《しゃびょう》のごとし」と書き記している。恵果和尚からの秘門の伝受は、あたかも一方の瓶の水を一滴も残すことなく、他方の瓶に移しかえるがごとくであったと言うのである。

この伝法阿闍梨位の灌頂が終ると、恵果和尚は空海に「遍照金剛《へんじょうこんごう》」という灌頂名を授けた。まさしく真言密教の始祖遍照（大日）如来の法を余すところなく身に受けおわり、自らに体得したことを象徴するものである。

驚くべきことに、空海への伝法阿闍梨位の灌頂がおわった日に、師主の恵果は「是の日、五百僧の斎《とき》を設けて普《あま》ねく四衆を供す。青龍、大興善寺《だいこうぜんじ》等の供奉《ぐぶ》大徳等、並びに斎筵《さいえん》に臨み、悉く皆な随喜す」と空海自身、書き残している（『請来目録』）。

大興善寺とは恵果の師主不空三蔵が居留し、数多《あまた》の密教経軌を翻訳して真言密教を中国に定着せしめた寺であり、そこには不空三蔵の六大弟子「金閣の含光、新羅の恵超、青龍の恵果、崇福の恵朗、保寿の元暁、覚超」らがいた。不空三蔵なき後は或は本国に帰り、或は遷化《せんげ》するものもあって、恵朗が法嗣たるべき人師と公私ともに認められていたのだが、その恵朗もまた示寂するに及んで、青龍寺の恵果以外に「付法に人なし」の状況にあったのである。この設斎は恵果自身、空海への付法をいかに重大事と考えていたかを如実に示すイベントでもあったことがわかる。

この時、青龍寺には恵果の法資としては義明がいた。かくて恵果は空海に対して「纔《わずか》に汝が来れるを見て、命の足らざらんことを恐る。今則ち法の在るとし有るを授く。経像の功も畢《おわ》りぬ。早く郷国に帰り、以て国家に奉じ天下に流布して蒼生《そうせい》の福《さいわい》を増せ。然らば則ち四海泰《やす》く万民楽しまん」云々として、早期の帰国を勧告する。

第四章　韜黙の一紀——帰国後の歩み

第一節　『請来目録』にみる真言教学の起点

空海に伝法阿闍梨位の灌頂を授けおわった師主恵果は「真言秘蔵は経疏隠密にして図画を仮らざれば相伝すること能わず」、つまり真言密教の真髄は経典や論疏などの字句の読み解きのみによっては、その奥義を体得することは不可能であり、「図画」すなわち「曼荼羅《まんだら》」(maṇḍala)の壇場に臨んでの深き瑜伽瞑想によってのみ「悟らざるに開示」できるのである。何故なら、その図像に示される諸尊の「種々の威儀《いぎ》、種々の印契《いんげい》は大悲より出で」しものなるがゆえに、その曼荼羅の図像を「一覩《いっと》すれば成仏」が可能なのである。秘門の奥義は「経疏に秘略して、之を図像」すなわち曼荼羅に「載せるが故に、密蔵の要は実に茲《こ》れ、すなわち曼荼羅に繫《かか》れり。伝法受法、此れを棄《す》てて誰ぞ」と空海は断言する（『請来目録』）。曼荼羅なくして、秘門の理解体得も、その秘法の相伝もあり得ないというわけ。その曼荼羅の内実については後に言及することがあろう。

そこで恵果和尚は空海のために、宮廷の一流の絵師たる丹青の李真ら十余人をして、胎蔵界と金剛界などの大曼荼羅など十鋪を図画せしめ、更には空海の他に、二十余人の写経生をも集めて真言秘蔵の経疏を余すなく書写させた上に、同じく宮廷鋳師の楊忠信などをして密教法具十五事をも造らせている。かくて金剛智三蔵、不空三蔵、そして恵果和尚へと相伝された「阿闍梨付属物」として「仏舎利八十粒」とか「白檀仏龕《びゃくだんぶつがん》」、更には恵果自身の「健陀縠子袈裟《けんだこくしのけさ》」などを空海に与えて、早々の帰国と日本での密蔵宣揚を促すのである。

時あたかも偶々《たまたま》、日本の遣唐判官高階《たかしな》真人《まびと》遠成《のとうなり》が長安に来ていたこともあって、この高階遠成を介して唐の朝廷に帰国を申請する。この申請書のなかで、空海は「幸《さいわい》に中天竺国の般若三蔵及び内供奉《ないぐふ》恵果大阿闍梨に遇いたてまつり、膝歩接足《しつぽせつそく》して彼《か》の甘露を仰ぐ」として、真言秘蔵の受法にかかわる師主としてはインド僧の般若三蔵と青龍寺の恵果和尚の二人のみを挙げて、「五部の瑜伽《ゆが》の灌頂の法に沐す。湌《さん》を忘れて読《とく》に耽《ふ》けり、仮寐《かび》して書写す。大悲胎蔵、金剛頂等、已に指南を蒙って之の文義を記す」（『性霊集』巻五）と書き残している。

つまり、般若三蔵や恵果和尚からの受法は文字通り寝食を忘れての日々であったことがわかる。このことからも先述の、空海による文筆にかかわる学習や多くの資料の蒐集は、すべて宣陽坊の官宅に止住していた間のことであったこともわかる。

空海は帰国申請書のなかで、今まさに恵果和尚から受け学んだ真言秘蔵の法門について、「此の法は仏の心、国の鎮なり。氛《わざわい》を攘《はら》い祉《さいわい》を招く摩尼《まに》、凡を脱《まぬが》れ聖に入る嘘径《きょけい》なり」と記し、更に自らの長安における留学の成果について、「十年の功、之を四運に兼ね、三密の印、之を一志に貫《つらぬ》く」と書き添えている。

つまり真言教学の真髄について、さきに述べた師主恵果の言葉、この真言の法を「天下に流布して蒼生の福《さいわい》を増せ」という「福」を受けて、まさにこの真言秘蔵の仏門こそ、自然の災害や個々人の身の上に振りかかってくる災禍を取り除き、意のままに、人びとへの「祉《さいわい》」を生ぜしめることのできる教えである。そしてその社会的な福祉の実現こそが、とりもなおさずにそのまま、煩悩の迷いの世界から脱却して聖なる覚悟《さとり》の仏位へと入り得る近道なのである、というわけ。ここに現世利益と即身成仏とが二而不二である真俗二諦を示す秘門の教えの最大の特色が示されていると言えよう。

しかも空海は自らの留学受法を、「十年の功、之を四運に兼ね、三密の印、之を一志に貫く」と表現する。文筆の人、空海ならではの表現である。「十年間で果すべき業績を四季が移り変る一年で成し遂げる」ということは、二十年間滞留して学び得べき成果を、この二年の滞在中に完全に果し得たというわけ。そして、身語意の深秘なる仏位の境界を自己の身心に体得し、まさしく自らが存在の絶対的根源である遍照如来と即一の遍照金剛たり得たことを示唆しているのである。遍照金剛とは師主恵果によって与えられた空海の灌頂名なのである。つまり、「三密の印、之を一志に貫き」得たことは、まさしく師主恵果自身によって証明されていたのである。

その恵果は、空海が早期の帰国を決意するのを待ちかねたかのように、唐の永貞元年（八〇五）十二月十五日に示寂した。その夜、青龍寺東塔院の道場で一人坐して持念している空海の面前に、「和尚、宛然《えんぜん》として前に立ちて告げて曰く、我と汝とは久しく契約有りて、誓って密蔵を弘《ひろ》む。我れは東国（日本）に生まれて必ず弟子と為らん。委曲の言《こと》、更に煩《いたつかわ》しく述べず」と『請来目録』に記載されている。この一文が国家への留学成果の報告書たる『請来目録』に記載されているのは、自らの留学期間を早めての帰国の理由を述べたものとみることができるのだが、この恵果が入寂した夜の経験は、自らが撰書した「恵果和尚之碑」のなかで、更に詳しく次のように記載されている。

「和尚掩色《えんしょく》の夜、境界《きょうがい》の中に於て弟子（空海）に告げて曰く、汝未だ知らずや、吾れと汝と宿契の深きことを。多生の中に相い共に誓願して密蔵を弘演《ぐえん》す。彼此《ひしかわ》代るがわる師資と為ること、只の一両度のみに非ず。是の故に汝に遠渉《えんしょう》を勧《すす》めて我が深法《じんぼう》を授く。受法之《ここ》に畢《おわ》りぬ。吾が願いも足《た》りぬ。汝は西土（唐国）にて我が足を接す。吾れは東生して汝が室に入らん。久しく遅留すること莫《なか》れ。吾れ前《さき》に在りて去《い》なん、と。竊《ひそ》かに此の言を顧《かえ》りみるに、進退は我が能《たう》るに非ず、去留は我が師（恵果）に随うのみ」（『性霊集』巻二）とあるのが、それである。

師主恵果が入滅した夜、道場でただ一人瞑想している空海の面前に、ありありと姿を現わした恵果は、両者が因縁浅からぬ関係にあり、幾世にもわたって、相互に師となり弟子となって真言秘蔵の法門を弘めてきた間柄である。私（恵果）は来世は東国の日本に再生して、汝（空海）の弟子となり、秘蔵の法門を弘演してゆくと云うのである。この恵果和尚による「境界」での言葉が、後世、空海が恵果和尚の師主であった不空三蔵の再誕であるとの伝承へとつながってゆくことになる（『遺告諸弟子等』）。

つまり、空海と恵果とは単に今生におけるばかりでなく、「多生の中に彼此代るがわる師資となった」間柄であったとすれば、今生では恵果が空海の師主であったけれど、前生では空海自身が恵果の師であったことになる。そして実際には、恵果の師主は不空三蔵であったから、その不空三蔵は空海の前生であったことになる。換言すれば、空海は天竺僧不空三蔵の再誕ということになる。その不空三蔵は唐の大暦九年（七七四）六月十五日に入滅している（『不空表制集』巻四）。日本の年号で言えば宝亀五年六月十五日となる。

　師主恵果の遺命にしたがって帰国した空海は、大同元年（八〇六）十月二十二日付で、留学成果の報告書とも言うべき『請来目録』を、遣唐判官の高階真人遠成に附して朝廷へ上呈した。その年の三月、桓武天皇は崩じて新帝平城天皇となっていた。空海は『請来目録』の上表で、今はじめて吾が国に齎持された真言秘蔵の法門を「斯の法は即ち諸仏の肝心、成仏の径路なり。国に於ては城墎たり、人に於ては膏腴《こうゆ》たり」と記して、この秘法があたかも新帝の即位と時を同じくして齎《もた》らされたことを強調して、「陛下の新たに旋璣《せんき》を御するを以て、新訳の経、遠くより新たに戻《いた》る」と書き添えているが、平城天皇はこれに一瞥をも与えることはなかったようである。そしてそのことは僧綱《そうごう》をはじめ、南都の旧仏教諸宗の学僧等にとっても同様であった。

　後に空海の弟子実恵は長安青龍寺の同法侶に宛てた書状で、次のように記している。「先師諱《いみな》は空海和尚（中略）先年入唐して法を求むるに、青龍寺内供奉《ないくふ》、諱は恵果大和尚に遇い奉り、胎蔵金剛両部の秘教を受学す。並びに道具、付属等の物を齎持して本朝に帰る。道は余宗より高く、常習に異なり。此の間（日本）の法匠は各々矛盾を為し、肯《あえ》て服膺せず。十余年間、建立を得ることとなし」（『追懐文藻』）。帰国後の空海はまさしく一紀の韜黙《とうもく》を余儀なくされることになるのだが、しかしこの『請来目録』はまさしく空海の真言教学の起点であり始点と呼ぶにふさわしい貴重な資料と言わねばならぬ。

　コロンビア大学教授であった羽毛田成章博士は、この『請来目録』を「空海の生涯とその思想を理解する資料として不可欠の存在」（Kūkai : Major Works）としており、ドナルド・キーン博士もまた、「日本文化史の形態を理解しようとする場合、空海の『弘法大師請来目録』ほど有意義な文献は少ないと思う」（『日本人の質問』朝日選書）と述べている。

この『請来目録』には空海による真言教学の主要な著作、『秘密曼荼羅十住心論』十巻、『弁顕密二教論』二巻、そして『即身成仏義』『声字実相義』などの「存在とコトバの神秘学」の基底となる教学思想の萌芽がほとんどすべて簡潔ながらも含まれている。今、そのいくつかについて言及してみよう。

（一）十住心論の先駆思想

仏法に限らず、どのような教法にも、それを聴聞する人びとの機根や器量、あるいは時代、環境などの違いによって聞法の理解に差異がある。だから必然的に説法にも浅深の区別があることになる。人乗、天乗といった中国やインドの諸宗教が謂わば世間的な教法であるとすれば、出世間の仏法にもまた声聞乗《しょうもんじょう》とか独覚乗《どくかくじょう》あるいは菩薩乗《ぼさつじょう》といった差異が認められる。しかしこれらすべての教法は根底においては有機的につながっていて、これら諸乗を截然と区別する障壁は本質的に存在しないのである。

空海は『請来目録』で自ら齎持し得た「新訳の経一百一十八部一百五十巻」を列挙した後に、

次のように明示する。

「法海は一味なり、機に随って浅深あり。五乗、鑣《くつばみ》を分《わか》つ、器を逐って頓漸あり。頓教の中に顕《けん》あり密《みつ》あり。密蔵に於ても或は源《みなもと》あり、或は派《みなまた》あり。古《いにしえ》の法匠は派を泳ぎ葉に攀《よ》ず、今の伝うる所は柢《ね》を抜き源を竭《つく》す。」今まさに師主恵果から受け得た密蔵の法門こそ、空海が若き日に探求しつづけてきた「還源の道」そのものであったのだ。

しかしここで留意すべきは「法海は一味」とする宗教観であり文化史観である。世界の四大海はそれぞれ位置や形状を異にしているとは云え、それぞれの海水の味はすべて一味であり、しかもそれぞれの海の水は皆なつながっている。それと同様に、あらゆる教法もまた、それぞれに差異浅深があるとしても、すべて根底においては一味であり、有機的に連関しているというのである。この宗教観ないしは文化史観こそ、多様な存在世界の深層における統一構造態とも言うべき曼荼羅《まんだら》（maṇḍala）思想を如実に示すものと言えるだろう。

空海思想の根源をなす「法海一味」的思考は、しかしながら空海には秘門との出会い以前から内在していた。『聾瞽指帰』にあって儒道仏の三教の浅深を示唆しながらも、儒道の二教を決して貶し去ってはいないばかりか、「儒童《じゅどう》（孔子）、迦葉《かしょう》（老子）は並びに此れ吾が朋《とも》なり」とし、これら両者は「汝の冥昧を愍《あわれ》んで、吾が師（仏陀）先に遣《つか》わせ」たものとするのが、それである。つまり儒道仏の三教は表面的には不斉合とは見えながらも、本質的には一味なるものとして斉合していると考えていたことは、実に驚きである。

この法海一味の宗教観が、後に自らの四十歳の初算賀に当って詠じた「中寿感興詩并びに序」において更に明白に示唆され、後に言及する『金勝王経《こんしょうおうきょう》秘密伽陀《ひみつかだ》』においては「夫《そ》れ如来の説法には必ず顕密の二意を具す」と主張するに到る。まさしく「法海は一味」と表裏をなす表現である。

（二）弁顕密二教の始点

「法海は一味」でありながらも表層的には「機に随って浅深」があることが、『請来目録』では次のように表現される。「夫れ顕教は則ち三大の遠劫を談じ、密蔵は則ち十六の大生を期《ご》す。遅速、勝劣は猶《なお》し神通《じんづう》と跛驢《はろ》との如し」云々とし、更に「教の優劣、法の濫觴《らんしょう》は金剛薩埵《こんごうさった》五秘《ごひ》密儀軌《みつぎき》及び大弁正三蔵表答《だいべんしょうさんぞうひょうとう》等の中に広く説くが如し」と記す。この言及が後に『弁顕密二教論』二巻の撰述となるのだが、『請来目録』にあっては顕密二教の差異は、一見、成仏の遅速にあるかに思える。「劫」（kalpa）とはインドの時間的単位で最も長いもので、無限の時間を表わす単位である。謂わば無限に修行をつづけても悟りの境地へは到達しがたいとするのが一般の仏教の説であるのに対して、密蔵の修法によれば、「十六の大生」において確実に成道できるという。

「十六の大生」とは「十六生」とも表現されるが、十六回の生死を重ねての後ということではない。金剛智訳『金剛頂経瑜伽修習毘盧遮那三摩地法』の末尾にある結頌で、「若し衆生有りて此の教に過い、昼夜四時に精進して修すれば、現世に歓喜地を証得し、後の十六生に正覚を成ず」とあるのを典拠としての表現である。そしてこの「後の十六生」とは、金剛智の弟子の不空訳『発菩提心論《ほつぼだいしんろん》』に明示されているように、金剛界三十七尊のなかの金剛薩埵《こんごうさった》から金剛拳《こんごうけん》に至る十六大菩薩の境位を瞬時に経て、仏位の悟りの境界へと到ることを表示しているのである。それをまた十六分を経ての満月にも喩えているのだが、ここで留意すべきは顕密二教の弁別を単に成仏の遅速とするだけではなく、重要な点は、顕教は成仏について単に「談」じ論説する域にとどまっているのに対して、密蔵は即疾成仏を確実に「期」するものとすることにこそ、顕密二教の最大の相違があることを示唆している点である。つまりそれは、経典論書の字句の表層的な意味の解釈の域にとどまることなく、一々の字句の奥底に秘められる真実義の体得を期することにこそ、密蔵の本質があると云うのである。

(三) 翻訳文学の限界性と真言・陀羅尼

後漢の明帝の永平十年（六七）に仏教が中国に伝来して以来、中国では仏典のみならず、キリスト教、マニ教などの外来宗教の聖典はすべて漢訳することによって、自らの文化に適合する範囲内ではじめて受容されたのである。中華思想の範疇内での異文化の受容であって、時に自らの文化に適合せしめる形に変容せしめての受容もあった。漢訳仏典に見られる護国思想などが、その一例である。つまり古代中国における異文化はすべて翻訳を介しての受容であり理解であった。だから翻訳を終えた梵語原典はすべて遺棄されてしまったのである。この事実を鋭く指摘して、空海は『請来目録』で次のように言及する。

「釈教は印度に本《もと》づく。西域《さいいき》と東垂《とうすい》とは風範天《はるか》に隔《へだ》たり、言語も楚夏の韻を異《こと》にす。文字も篆《てん》隷《れい》の体に非ず。是の故に彼《か》の翻訳を待ちて、及《いま》し清風を酌《く》むのみ。然《しか》も猶、真言《しんごん》は幽邃にして字字の義深し。音に随って義を改む。賒切《しゃせつ》も謬《あやま》り易く、粗《ほ》ぼ髣髴《ほうふつ》を得るも清切《せいせつ》を得ず。是れ梵《ぼん》字《じ》にあらずんば長短別《わか》ち難し。源を存するの意、其れ茲に在り。」

この一節は、空海が梵語の儀軌《ぎき》、讃、真言、陀羅尼などの原本四十二部四十四巻を齎持した理由について述べる文章である。ここでは翻訳文学の有する限界性についての鋭い指摘が提示されているのだが、中国の古典、文物、制度を学ぶ留学生は兎も角として、仏教を受け学ぶために入唐した留学僧のなかの幾人が仏教の真髄を受け学ぶのに、漢訳仏典によることへの疑問を懐いたのであろうか。

インドの言語（梵語）で説法した釈尊の教法を直接に学び修めるためには、インドとは地域的に東西大きく隔《へだ》たり、文化も言語も完全に異にする漢語への翻訳経典によってではなくて、釈尊自身が語り説法した梵語梵字の原典によってこそ、その教法の真髄が説示されているはずである。聞法の人の機根に随って説かれた通常の顕教の経典にしてそうであるならば、密蔵の真言・陀羅尼はそのコトバ自体極めて幽邃であり、一字一語の奥底に深秘なる密義が含まれているのだ。だからこれらの修法を誤りなく行じ、真言、陀羅尼を正しく読誦するのに、長短の音韻的区別を有しない漢字を以てしては、正しく音写することも出来ないのである。

それにつけても、かつてイタリアに招かれたとき、カソリックの神父に対して、私は彼が手にしているロザリオについて、「何故、ロザリオと言うのですか」と質問したことがあった。彼は戸惑いの表情をうかべて「わからない」と言う。ロザリオは仏教徒らのもつ「数珠《じゅじゅ》」とか「念珠」とまったく同一の語源である。古代のバラモン達もまた、マントラを誦するとき数をとるために念珠を用いた。梵語で「ジャパ・マーラー（japa-mālā 低誦用の数とりの珠《たま》）と言う。この語が西欧に伝わったとき、「ジャパ・マーラー」が「ジャパー・マーラー」（japā-mālā）と誤って受用されることになる。「ジャパ」（低誦）が「ジャパー」と長音になれば「薔薇《ローズ》」と云う意味となり、それがロザリオすなわち「祈りの文句を低誦するための薔薇の連《れん》とじ」と呼ばれるようになったのである。梵語の母音の長短を聞き誤ったことによる新語の生誕であった。

古代インドにおける音声学、文法学、言語学などは、すべて聖典のマントラ（mantra 真言）をいかに正確に唱誦しうるかにかかって発展した学問であったのだ。その学問を「声明」

(śabda-vidyā)と云うのだが、文字どうりコトバの学問であり、真言、陀羅尼を正しく読誦することが不可欠であった密蔵の法門にあっても異なることはなかったのだ。だからこそ、直・拗・長・短および緩急の音韻的区別を有する梵語梵字の真言、陀羅尼を、こうした音韻的区別をまったく有しない漢字で音写してみても「賒切《しゃせつ》誤り易く、粗《ほ》ぼ髣髴を得るも清切を得ず」と空海は鋭く指摘して、梵語梵字の儀軌類の請来の所以を示唆しているのである。その背景には、梵語梵字が通常伝えられているように梵天の製するところではなく、まさしく「此れ是の文字は自然道理《じねんどうり》の所作なり。如来の作る所にも非ず、また梵王諸天の作る所にも非ず」(『梵字悉曇字母并びに釈義』)という空海独自の言語観あってのことである。詳しくは後に再び述べることにしよう。そしてその言語観は「存在はコトバ」なりと主張する『声字実相義』へと結実することになるのである。

(四) 密蔵の伝法と曼荼羅

『請来目録』にあって、更に留意すべきは「仏像等」や「道具」として、大悲胎蔵および金剛界の両部の大曼荼羅等五鋪、金剛智、善無畏、不空等の伝法伝持の阿闍梨の影像五鋪、更には五宝五鈷、金剛杵など「九種一十八事」の仏具の請来の意義についての言及である。この『請来目録』で空海は「一乗の理は奥ぶかくして、義は文に乖《そむ》けり」と云う。秘密一乗の奥義は論書の文字の表層的意味をはるかに超えているというのだ。だとすれば、いかに論書の文字を読み進めてその表層的意味を穿《せん》さくしても無意味となる。

「密蔵は深玄にして翰墨に載し難し。更に図画を仮りて悟らざるに開示す。種々の威儀、種々の印契《いんげい》は大悲より出でて一覩《いっと》に成仏す。経疏は秘略して之を図像に載せたり。密蔵の要、実に茲に繋《かか》れり。伝法受法、此れを弃《す》てて誰ぞ。海会の根源、斯れ乃ち之に当たれり」と『請来目録』に記されている。

真言秘蔵の法門は単に経論の文字の表層的字相の意味をなぞって読み進めてみても修得できるものではない。深奥なる字義が時として表層の「文に乖《そむ》く」こともあるのだ。密蔵の法そのものが「深玄にして翰墨に載し難き」が故である。だから全存在の絶対的根源である法身《ほっしん》の説法《コトバ》は文字ではなく、真実在であり真実語である曼荼羅そのものによって開示されるのだ。曼荼羅として表示される「種々の威儀、種々の印契」つまりは一切の表象は法身の大悲そのもの、つまりは存在の絶対的根源の自己顕現なるがゆえである。すなわち曼荼羅（maṇḍala）こそ真実のコトバ（mantra 真言）なのであり、まさに存在の実相なのである（『十住心論』巻十）。

第二節　平城新帝と伊豫親王の変

遣唐大使藤原葛野麻呂は延暦二十四年（八〇五）七月に節刀を返上して、使節としての役割を果し得たことを報告している。空海が長安の都を離れて帰国の途につく藤原大使に托して国家に奉じた玄宗皇帝の製した「一行阿闍梨碑文」もまた、この時、国家に奉じられたであろう。桓武天皇の意志によって渡唐せしめられた最澄は、この年八月に殿上に請ぜられて悔過読経《けかどきょう》せしめられているし、その翌九月にもまた、殿上において毘盧遮那法《びるしゃなほう》を修せしめられている（『日本後紀』巻第十三）。この「毘盧舎那法」がいかなる修法であったかを具《つまびら》かにしないが、おそらくは桓武天皇の不豫にかかわっての祈念であったろう。その不豫がかつての皇太弟であった早良《さわら》親王の変に起因するものであり、そのための祈誓として、最澄をして二度にわたる灌頂を修せしめていることについては、後に言及することがあろう。

最澄自身はまさしく、天台法門の法脈を正しく師受するために入唐せしめられたのだが、入唐以前に「天台止観と真言の法とは義理冥符す」ることを確信していたのである（『類聚三代格』巻二）。おそらくその確信は一行禅師の『大日経疏』を読破して得られたものであったろう。一行禅師は前述のごとく、もともと荊州玉泉寺で出家をした天台僧だったのだが、善無畏三蔵とともに密教経典の『大日経』七巻の翻訳にたずさわり、更にその注釈である『大日経疏』十巻を著わしているのである。その注釈では、真言の教説が時として天台の立場から解説されることがあるのは、そのためである。

そこに着目した最澄の炯眼《けいがん》は、すでに台州において、天台の第一人者道邃《どうずい》からの受戒受法とともに、台州国清寺の維象《いしょう》から「大仏頂大契曼荼羅《だいぶっちょうたいけいまんだら》」の行事を伝授され、付法文も授与」せしめているのである（『内証仏法相承血脈譜』）。最澄が善無畏三蔵系の真言の法と出会うのは、帰国直前に越州龍興寺の峯山頂道場で唐僧順暁から受けた三部三昧耶《さんぶさんまや》の灌頂であったし、ここでは幾つかの真言密教の経軌をも写し得て帰国している。

かくて最澄は帰国後に朝廷に提出した「進官録上表」で、「陛下は……円宗を属想《しょくそう》して一乗を緬懐《めんかい》し、妙法を紹宣して、以て大訓と為す。是に由りて妙円の極教は聖機に応じて興顕し、灌頂の秘法は皇縁を感じて円満す」云々と記して（『伝教大師将来目録』）、ここに桓武天皇が強く嘱望される天台一乗の妙法とともに真言の灌頂秘法をも、あわせ将来し得たことを上表している。

桓武天皇は南都における久年に亘る法相と三論との両宗の論争を収斂せしめるために、最澄が将来した天台の法文を「釈迦一代の教を総括」する法門として（『叡山大師伝』）、「天下に流布して釈衆に習学せしめんと欲し、七大寺の為に七通を書写せしむべし」との勅命をくだし、禁中の上紙を給与して図書寮に命じて書写せしめている（『叡山大師伝』）。謂わば天台法華の教えを日本仏教各宗の必修とするために、最澄によってもたらされた主要な天台法文を七大寺にそれぞれ安置せしめて学ばせようとしたのである。

さらに桓武天皇は側近の一人、和気広世に勅を下して「真言秘教等、未だ此の土《くに》に伝うることを得ず。然るに最澄闍梨は幸いに此の道を得たり。良《まこと》に国師たり。宜しく諸寺の智行兼備の者を抜きて、灌頂三昧耶《かんじょうさんまや》を受けしむべし」として高雄山寺に法壇を設けしめ、画工の上首等二十余人をして毘盧遮那仏《びるしゃなぶつ》の像一幅、大曼荼羅一幅、宝蓋一幅などを図画せしめ、更に仏菩薩神王の像、幡五十余旒を縫い造らせ、荘厳の調度はすべて内裏から出して、灌頂の儀礼を修せしめている（『叡山大師伝』）。

真言秘教は、空海よりも一足早く、最澄によって、わが国に齎らされ、しかも桓武天皇の勅命をうけての灌頂が二度にわたって執行されていたのである。その灌頂の秘法に、「近く無常を畏《おそ》れ」ている桓武天皇は、自らに代って「石川、檉生《むろう》の二禅師」を「朕の躬《み》を守護せんがために入壇」せしめてもいる。

天台の法門とともに、善無畏三蔵の法脈に属する真言灌頂の秘法をもたらした最澄の申請に応じて、桓武天皇は延暦二十五年（八〇六）正月に、南都六宗をもとの形に復して独立せしめて、それぞれの宗に年分度者を定め、新たに天台法華宗に『大毘盧遮那経《だいびるしゃなきょう》』（大日経）を読ましめる「遮那業《しゃなごう》」一人と『摩訶止観《まかしかん》』を学ばせる「止観業《しかんごう》」一人の年分度者二人を公認したのである。最澄自身、「天台の止観と真言の法とは義理冥符する」ことを確信していたのである。

留意すべきは、わが国にあっては、この時すでに真言宗が成立していたという事実であり、更に言えば、やがて帰国してくる空海の滞留すべき場は、まさにここにしかなかったことになる。しかしその最澄が越州で僅か一か月足らずの間に順暁阿闍梨から受けた三部三昧耶の灌頂の法の内容については全くわかっていないないし、最澄自身その秘法について言及し詳説してもいない。ここに、やがて帰国する空海とのかかわりが生起する必然性があったことになる。

「遮那」と「止観」との年分度者二人を有する天台法華宗の独立を勅許して二か月の後、延暦二十五年三月十七日に桓武天皇は崩御する。この時、皇太子の安殿親王《あでのしんのう》は「哀号《あいごう》し擗踊《へきよう》して、迷《まど》いて起《た》たず」といった悲しみようで、参議の坂上田村麻呂や春宮大夫《とうぐうたいふ》の藤原葛野麻呂が安殿親王の両脇をかかえ支えながら東廂へつれかえったという（『日本後紀』巻第十三）。その皇太子安殿親王は五月に即位する。平城天皇である。その平城帝は即位と同時に、年号を大同と改める。

通常は、先帝なき年は年号はそのままで、年が変って改元するのだが、平城天皇は敢えて自らの即位と時を同じくして、年号を大同と改めた。この改元について、国家が編纂した『日本後紀』においてさえ、平城帝が自らの即位と同時に「大同と改元するは非礼なり。国君の位に即《つ》くや、年を踰《こ》えて後に改元するは臣子の心、一年に二君有るは忍びざるに縁《よ》るなり。今、年を踰えずして改元するは、先帝の残年を分かち当身の嘉号と成すなり。終りを慎しみ、改むること無き義を失するは孝子の心に違《たが》うなり。之を旧典に稽《かんがみ》るに失と謂うべきなり」（『日本後紀』巻第十四）とまで記されている。

父帝の崩御に「哀号擗踊」した安殿親王の病的な豹変ぶりもさることながら、ここでは二朝併立を忌むべきものとの思いからの記述であったろう。しかし皮肉にも、三年後には、皇太弟神野親王への譲位によって、この平城天皇と事実上の二朝併立状態が現実のものとなり、やがては自ら出家隠棲を余儀なくされることになってゆくのだが、そのことについても後述することにしよう。

平城天皇が即位して大同と改元した年の十月二十二日に、空海が留学成果の報告書である『請来目録』を上表文とともに、遣唐判官の高階遠成に附して奉進した。その上表文では、すでに述べたように、「陛下の新たに旋璣《せんき》に御《ぎょ》するを以て、新訳の経、遠くより新たに戻《いた》る。陛下の海内を慈育したまうを以て、海会《かいえ》の像、海を過《わた》って来れり。あたかも符契《ふけい》に似たり。聖に非《あらず》んば誰か測《はか》らんや」と書いていたのだが、新帝平城はこれに一顧することもなかったのである。

空海はさきの文につづけて「空海、闕期の罪は死しても余り有ると雖も、窃《ひそ》かに喜ぶらくは難得の法、生きて請来せることを」と書き添えている。空海の早期の帰国はすでに見たように師主恵果和尚の遺命によるものであり、空海自身、留学の目的は「十年の功、之を四運に兼ね、三密の印、之を一志に貫」き得てのことであったのだ。しかし空海は平城天皇在位の間、在唐期間以上の年数を、この筑紫の地で過ごすことになるのである。

帰国の翌年の大同二年（八〇七）二月十一日には、大宰府少弐《しょうに》（次官輔）の田中氏の先妣《せんぴ》すなわち亡母の一周忌にあたって忌斎《きさい》をつとめ、その法事の願文を撰書している。驚くべきことに、この時、空海は自ら請来した経軌にもとづいて「千手千眼大悲菩薩、並びに四攝八供養《ししょうはっくよう》摩訶薩埵《まかさった》等の一十三尊を図絵し、并びに妙法蓮華経一部八巻、般若心経二軸を写し奉り、齋席《さいせき》を設けて潔《いさぎよ》く香華を修し、諸尊を供養」することで、「亡き先妣の熒魂《けいこん》を潤洗《じゅんせん》」することを祈念している（『性霊集』巻七）。いわゆる一周忌の法事であるが、その法事が単に「此の徳海を傾《かたむ》けて熒魂を潤洗」すること、つまり単に亡き人の追善を祈り精霊に福をもたらすことを祈るのみでなく、亡き精霊も遺族の人びとも、ともに「妄霧を褰《かか》げて以て大日《だいにち》を覩《み》、智鏡《ちきょう》を懐《いだ》きて以て実相《じっそう》を照らさん」ことを期することにあると記していることに留意すべきであろう。

つまり亡き精霊の追福とともに、残された遺族もまた「迷妄の霧を吹き払って、万有の根源である大日如来をそれぞれの心に観照自覚し、すべての実相を如実に知りうる鏡のような如来の智慧をもって、あらゆる存在の真実の在りようを明らかにすることをも祈っているのである。

それは単なる祈りの儀礼のみではなく、忌斎の席での説法でもあったろう。これが後に空海をして多く撰述せしめることになる諸種の経論の「開題《かいだい》」の嚆矢《こうし》とも言うべきものであったろう。

更に驚くべきは、この時、空海は自ら請来した不空訳『金剛頂瑜伽千手千眼観自在念誦法』一巻にもとづいて、千手千眼大悲菩薩を図絵せしめ、かつ金剛界の四摂八供養菩薩をも加えて、十三尊像を絵がかせていることである。儀軌にもとづいて仏像を画がき得る絵師が、当時、筑紫の地にも存在していた事実とともに、空海自身、金胎両部のあらゆる経軌に説示される一々の修法について、師主恵果から具体的な指南を蒙り、「これらの文義を記していた」(『性霊集』巻五)ことを如実に示していると言えるだろう。そしてまた、この時には、請来した経軌、曼荼羅の類はすべて未だ空海の手許にあったことをも、これらの事実は示唆している。これらの請来経軌や曼荼羅類を実際に国家に提出したのは、或いは自らの入京が許された時のことであったかもしれない。

この年、大同二年四月二十九日に大宰府は筑紫の観世音寺の三綱《さんごう》に牒《じょう》をくだして、「入唐廻来学問僧空海」を入京の日まで、暫く観世音寺に止住せしめ、例に准じて供養することを命じている。一説に空海の入京を大同二年秋とするものもある(『東大寺要録』)が、誤りである。

空海が観世音寺に移住せしめられてから半年を経た十月二十七日、蔭子《おんし》つまり将来高位高官を約束されている藤原宗成が中務卿の伊豫親王に謀叛《むほん》を勧《すす》めているとの情報が大納言の藤原雄友の耳に入る。雄友は直ちにその旨を右大臣の藤原内麻呂に告げる。その時、伊豫親王は急遽、書状を右大臣の内麻呂にしたためて、宗成自身が私潜《ひそか》に謀叛を勧《すす》めた由を申し出る。そこで捕縛された宗成は叛逆の首謀者は伊豫親王自身であると告げたのだ。かくて伊豫親王の館《やかた》は兵百五十人に包囲され、母の藤原吉子とともに川原寺に幽閉された。自らの無実を主張して飲食を断つも、十一月十一日には詔勅によって親王の位を廃される。翌十二日、伊豫親王は母吉子とともに「薬を仰いで死」することになる。「時に人、之を哀れむ」と『日本紀略』は記している。

この時、伊豫親王とかかわりを有する多くの人びと、たとえば当時、伊豫親王の侍講であった浄村豊成《きよむらのとよなり》なども、この事変に連座しているとして進仕《しんし》の途《みち》を断たれている。伊豫親王と同学の関係にあり、伊豫親王の推挙によって入唐留学し得た空海の上京もまた、この事変によって更に遅延することになる。この謂わゆる「伊豫親王の変」は藤原仲成、薬子兄妹など、平城帝側近の藤原式家の連中による陰謀であったのだ。公廉を以て知られた東山道観察使の安倍兄雄《あべのしげお》などは伊豫親王を無実として、親王を廃されたことに抗弁したのだが、いかんともなしがたかったと言う（『日本紀略』巻第十七）。

即位以来、意欲的な行政改革などにも着手した平城天皇は、大同三年（八〇八）正月以来の異常な寒波による大量の死者が出るに及んで、医薬書の『大同類聚方』百巻を選述せしめている。この年の六月には藤原南家の乙叡《おとえ》が薨じた。当時、平城天皇の側近の藤原仲成、その妹で平城帝の内侍《ないし》であった薬子《くすこ》の兄妹は南家と対立する藤原式家に属していた。かつて平城天皇が皇太子であったとき、或る酒宴の席で乙叡が皇太子に対して「泻酒不敬」つまりお酒を皇太子に注《つ》ぐときに不敬があったことを、平城帝は後々まで根《ね》にもちつづけて、伊豫親王の変においても、この乙叡を連座したとして罪なくして罰したという（『日本後紀』巻第十七）。さきに述べた即位と同時の改元のこととともに、この「泻酒不敬」の件も、国家が編纂した正史に記載されている事実は、いささか異常と言うしかない。

大同四年（八〇九）二月以来、平城天皇の病状はますますその度を深めてゆき、遂には政務に耐えずと在位わずかに三年にして、皇位を皇太弟の神野親王に禅譲することになる。そのときの詔《みことのり》には「朕《あ》が躬《み》、劣弱《おじなく》て洪業《ぐごう》に耐えず」とし、なおも「朕が躬、元来《もとより》、風病に苦しみつ。身体安からずして、日を経《へ》、月を累《かさ》ねて万機欠懈《よろずのまつりごとをおこた》りぬ」云々とある（『日本後紀』巻第十七）。「風病」とは「カゼノヤマヒ」と訓ぜられているが、風の毒に犯されて起こる病とされて、頭痛、四肢の疼通、運動障害、異常感覚、発音障害などの病状を伴なうという（『日本国語大辞典』）。一種の躁鬱《そううつ》を伴なう神経症であったろう。

大同四年四月十三日、皇太弟神野親王は大極殿において即位し嵯峨天皇となる。嵯峨新帝は平城上皇の皇子高丘《たかおか》親王を皇太子として、新政権をスタートせしめる。まずは伊豫親王の変にかかわりあるとして処罰された人びとをすべて無罪とし、筑紫の地に逗留しつづけさせられた空海もまた、嵯峨新帝の即位と時を同じくして筑紫の地を離れ畿内へと向っている。空海が三年にわたる筑紫の滞留中に知り得た公私にわたる多くの人びとが、やがて空海の秘蔵法門の宣揚に、大きく力を添えることになるのである。

師主があり本寺あっての年分得度者であれば、当然その本寺へと移ることになる。しかし臨時度者であった空海には寄るべき本寺がなかったのではないか。一説には和泉の槇尾山寺に身を寄せたと言われている。程なく、大同四年（八〇九）七月十六日付け官符では、和泉国司にあてて、空海をして「宜しく入京せよ」と書かれ、「符到らば奉行せよ」と記されているが、移るべき特定の場所は記されていない（『行化記』）。

入京の勅許が下された空海を高雄山寺へ誘《いざ》なったのは最澄であった。すでに述べたように、桓武天皇の強い勧奨によって入唐した最澄は台州で道邃から天台の法門を正しく受法したと同時に、偶然とは云え、越州にあっては順暁から善無畏系の真言の灌頂《かんじょう》の秘法をも受けていたのである。しかし短期間の真言受法が十全たり得なかったことは最澄自身がよく承知していた。だからこそ、空海が国家に提出した『請来目録』を逸早く書写していたのは最澄だったのである。桓武天皇によって勅許された天台法華宗の遮那業を完璧たらしめるには、最澄にとっては、同じ入唐留学僧の空海の援助がどうしても必要だったのである。

高雄山寺に移った空海に対して、嵯峨天皇は「勅有りて、進ずる所の経仏等を返し賜《たま》い、兼《か》ねて宣するに真言を伝授せよということを以てす」云々（『高野雑筆集』巻上）として、国家に提出した一切の経軌や曼荼羅などを直ちに空海に返還している。最澄は早々に空海が請来した真言経軌の借用書写を開始する。現存する最澄の「借請法門」の書状は大同四年（八〇九）八月二十四日付のものが最初であるが（『伝教大師消息』）、空海が高雄山寺へ入山早々から最澄は真言経軌の借用書写を始めていることがわかる。高雄山寺には最澄の住房の北院があった。

この年、すなわち大同四年晩秋には謂わゆる二朝併立の状況に立ち至る。「薬子の変」がそれである。前年四月に唐突に皇位を皇太弟神野親王（嵯峨天皇）に禅譲した平城上皇は、「病を数処に避けて五遷」の後、政治《まつりごと》にかかわりだして、都を平安京から旧都の平城京へと遷都すると宣言し、その事業に着手する。まさしく「二所《ふたところ》の朝廷《みかど》とも言い隔《へだ》てて遂には大乱を起すべき」（『日本後紀』巻第十七）状況にたち至ったのである。

この遷都を『日本後紀』などの国史は、すべて平城上皇の側近で内侍の藤原薬子およびその兄で右兵衛督であった藤原仲成などによる陰謀とするけれども、そうとばかりは言えない。この時、嵯峨天皇は二朝併立の乱を収めるために薬子を「宮外に擯し、官位を悉く免じ」たのだが、「太上天皇（平城上皇）は大いに怒り、使を遣わせて畿内并びに紀伊国の兵を発《おこ》し、薬子と輿《こし》を同じくして川口道より東国に向う」ことになる（『日本後紀』巻第十七）。

そこで嵯峨天皇は坂上田村麻呂をして精鋭な兵卒を率いて、美濃道より上皇の兵士を追討せしめた。上皇に従う「兵卒は逃げ去る者衆《おお》く」、平城上皇は「事、遂《と》げるべからざるを知り、輿を廻《めぐら》して（平城の）宮に旋《かえ》り、落髪して沙門と為る」と『日本後紀』は記す。薬子は服毒自殺し、兄の仲成は禁所において射殺される。この二朝併立の状況は平城上皇の出家による政界からの隠棲と皇子の高丘《たかおか》親王の廃太子によって落着をみるのだが、実はこの二朝併立にかかわっての嵯峨天皇の晩年における淳和帝への譲位にかまけての配慮が、東大寺での灌頂道場の建立と、その灌頂道場における平城上皇と高丘親王に対しての灌頂を空海をして執行せしめることになり、それが空海の主著『秘密曼荼羅十住心論』十巻の選述の素因ともなってゆくのである。詳しくは後に言及することになろう。

第五章　高雄山寺への誘ない――風信雲書、天より翔臨す

第一節　最澄とのかかわり

高雄山寺の創建については詳かでないが、かつて奈良朝末期に僧道鏡《どうきょう》が政界に進出して法王となり、あろうことか皇位につこうとの野心を抱《いだ》いたとき、彼がその根拠とした宇佐八幡の神託を糾《ただ》して事なきを得しめた和気清麻呂（七三三―七九九）は、宇佐八幡の神願を果すために、勅許を得て河内に神願寺を建立した。しかしその寺地が低く、大雨のたびに境内に汚泥が大量に流入するので、清麻呂は詔勅を得て代替の寺として高雄山寺を懇願して適《かな》えられたと言う。清麻呂なき後は長子の和気広世が高雄山寺の檀越《だんのつ》すなわち護持者となった。

この和気広世が桓武天皇の意を体して、延暦二十一年（八〇二）正月に南都の高僧善議、勝猷、勤操、修円など十有余人を高雄山寺に延招して、比叡山の最澄をして天台の妙法を講ぜしめたことについては、すでに述べた通りである。天台の法華一乗の教理こそ釈迦一代のあらゆる教法を悉く総括するとの講旨が、久年続いた南都仏教界の法相・三論両宗の相争を忽ちに氷釈することを期してのことであったことも、さきに示した通りである。しかし最澄自身、元来、華厳宗僧としての出家得度であったのであり、天台の教学については独学による確信であり、講述であったのである。

最澄は近江国滋賀郡古市郷の三津首百枝《みつのおびとももえ》の子として生誕。渡来系の人で、先祖は後漢の孝献帝の苗裔、登万貴王であったという。幼名を広野《ひろの》といったが「年七歳にして学は同列を超え、志《こころ》は仏道を宗《むね》とす。村邑の小学は師範と為さんと謂《い》えり」と『叡山大師伝』は伝えている。この伝記は「釈一乗　忠撰」とされるが、最澄が弘仁十年（八一九）十二月に撰述して国家に上奏した『内証仏法相承血脈譜』の末尾に「筆受」として署名している真忠が、その『叡山大師伝』の撰者であり、その記述はかなり真憑性に富むものと言われている。

『叡山大師伝』で、最澄は七歳の頃に村邑の人びとから「小学の師範と為る」ように望まれたとあるのだが、かつてこの「小学」を教育機関と見做すむきもあったけれども正しくはない。ここでは単に学識なき人びとを指しているのだが、幼少の頃から村人たちによって教師として嘱望される程の知識のもちぬしであった。

　広野、のちの最澄の生まれた家の戸主は正八位下の三津首浄足《みつのおびときよたり》であったが、実父の百枝《ももえ》は無位無官の人であり、きわめて熱心な仏教信者であった。広野は宝亀十一年（七八〇）十一月に近江国分寺僧最寂の死闕を補なう形で出家得度が許されている。僧名を最澄としたが、師主は近江国分寺大国師の行表《ぎょうひょう》であり、華厳僧であって、最澄には「心を（華厳）一乗に帰すべし」と勧誡した。

　中国における華厳宗の大成者法蔵《ほうぞう》（六四三—七一二）の主著『華厳五教章』とか『大乗起信論疏』などをテクストとして学修しつづけていた最澄は、『華厳経』に説示される花々で飾られた華《はな》やかな仏の悟りの世界もさることながら、その仏の世界へと赴くための実修として、法蔵は天台大師智顗《ちぎ》（五三八—五九七）が説き勧めた「四種三昧」を修することとしていることに刺戟をうけ、仏法の核心は華厳の教説よりも、むしろ智顗が説示した天台止観の教行にこそあるとの思いに至りつくのである。

　天台法門の典籍をわが国に最初に、まとめて齎《もた》らしたのは、元来が天台僧であった鑑真《がんじん》（六八八—七六三）一行であった。なかでもその弟子の法進《はっしん》（七〇九—七七八）は日本で天台を講ずること三度に及び、その講録が東大寺の経蔵に保存されていた。周知のごとく、鑑真はわが国の仏教界で四分律《しぶんりつ》にもとづく具足《ぐそく》戒の制度を確立し、東大寺に戒壇院《かいだんいん》を創建して、わが国の律宗の祖とされるけれども、もともとは天台の学僧でもあったのである。

武蔵国の道忠《どうちゅう》は鑑真の持戒第一の弟子として有名であるが、彼の関心は、謂わば小乗部派の四分律よりも、むしろ『梵網経《ぼんもうきょう》』が説く大乗仏教の菩薩戒《ぼさつかい》を重視し、法進が講じた天台教学に関心を寄せて民衆を教化し、人びとから「東国の化主《けしゅ》」と尊称されていた。その道忠は早くから比叡山の最澄に着目し、一切経の書写の援助をしたり、自らの弟子を比叡山へとおくりこんだ。後に比叡山の僧徒を指導することになる円澄とか円仁などは、もとは道忠の弟子であったのだ。

留意すべきは、早くから東国では道忠を化主とする天台教団が存在していたとも言われていることである。しかも道忠は「菩薩戒を天台宗に寄せし最初の時、城邑の中にして高座に在りて宗義（天台義）を演説し、叡嶺に登り到って先師（最澄）と共に一切経を写し、経蔵に収《おさ》む」（『伝述一心戒文』巻下）と最澄の側近の弟子光定が伝えているから、最澄の天台志向には道忠の影響があってのことかもしれない。

いずれにもせよ、桓武天皇の意志をうけての最澄の入唐は天台法門の正しい受法を目的としたものであったのだが、天台僧として出家した中国の一行禅師が撰述した『大毘盧遮那成仏経疏』（通称『大日経疏』）を、最澄はすでに入唐以前に読んでおり、「天台止観と真言法とは義理冥符すと知りぬ」と考えていたのである（『類聚三代格』巻二）。

この事実は、最澄がすでに台州において天台の法門のほかにも大仏頂《だいぶっちょう》系の真言の法を受けていること（『内証仏法相承血脈譜』）、また越州では偶然のことであったとは云え、善無畏三蔵の法脈を嗣ぐ順暁《じゅんぎょう》から三部三昧耶《さんぶさんまや》の灌頂を受法し、若干の真言経軌を斎持している（『顕戒論縁起』巻上）ことからも分明である。この順暁からの受法について最澄は「五部灌頂曼荼羅壇場に引入せられ、現に真言法を蒙り、又真言水を灌頂せらる」（『越州録』）と記しているけれども、残念ながら具体的な内容を詳かになし得ない。

天台の止観の法門とともに灌頂の真言の法門をもあわせ将来した最澄を、桓武天皇は「良《まこと》に国師たり」と称賛し、高雄山寺に法壇を建立せしめ、小野岑守《みねもり》を検校《けんぎょう》として派遣して、内裏からの支出で曼荼羅等を図造せしめ、最澄を阿闍梨《あじゃり》とし、南都諸寺の道証、修円、勤操等を入壇受法せしめている。更にその後、城西の好地を択《えら》び壇場を建《た》て創《つく》って、更に画工十余人をして五仏頂浄土一幅、大曼荼羅一幅を図絵せしめ、勅使石川川主《かわぬし》をして諸事を検校《けんぎょう》せしめて、八人の大徳を入壇受法せしめてもいる（『叡山大師伝』）。

これら高雄山寺における三部三昧耶の妙法を伝授せしめる灌頂も、城西における五仏頂の灌頂も、ともにその具体的な内容を知り得ないし、最澄自身がこれらに直接言及することもないのだが、度重なる不幸が身辺に惹起し、かつ自らの重き病が皇太弟であった早良《さわら》親王を死に至らしめたことへの怨念消除のためであったことは容易に察せられるところである。

年も改った延暦二十五年（八〇六）正月、最澄の上表によって、南都の六宗に対して、旧に復して、それぞれに年分度者が公認され、最澄の天台法華宗にも、新たに年分度者二人が公認された。一人は『大毘盧遮那経』を学修せしめる「遮那業《しゃなごう》」と、今一人は天台大師智顗の『摩《ま》訶止観《かしかん》』を解読させる「止観業《しかんごう》」であった。

幾度も言及したように、天台止観の教えと真言の妙法とは、その根本理念が両宗ともに通底して一味であるとの確信が、最澄には確固たるものとなっていたのである。しかし「遮那」の真言の受法が十全でなかったことは、誰よりも最澄自身が最もよく自覚していた。そこへ空海が真言の秘法を余すところなく伝受して帰国したのである。

空海の『請来目録』を逸早く写し取っていた最澄は、国家公認の天台法華宗「遮那業」の内実を、空海の援助によって相い共に実現し、新しい仏法の在りようを空海とともに計画し実現してゆこうと考えたとしても不思議ではない。そのために、入京が勅許された空海を、自らの住坊である北院があった高雄山寺へと誘《いざ》なったのである。

高雄山寺に入住した空海に対して、嵯峨天皇は直ちに空海が請来した経軌、曼荼羅類をすべて返却し、「兼ねて宣するに真言を伝授せよ」との勅旨をも与えている（『高野雑筆集』巻上）。後に右大臣の藤原冬嗣《ふゆつぐ》に宛てた書状では、空海はこのことに触れた後で「即ち二三の弟子を率《ひき》いて、日夜教授す」として、その最初の弟子として東大寺を本寺とする実恵《じちえ》、杲隣《ごうりん》、大安寺を本寺とする智泉《ちせん》の名を挙げている。実恵と智泉とは、ともに讃岐の出身であり、智泉は空海の甥であった。

最澄が叡山から空海にあてて、「謹《つつし》みて啓《もう》す、借請法門の事」として『大日経略摂念誦随行法』一巻など十二部五十五巻を「右の法門、伝法の為の故に暫《しばら》く山室（比叡山寺）に借らん」云々の書状は大同四年（八〇九）八月二十四日付のもので、現存の借請状ではもっとも早い。それ以降、最澄は空海請来の密蔵法門の経論を次々と借用し書写しつづける。

最澄のみならず嵯峨天皇もまた高雄山寺にしばしば使者を遣《つか》わして、空海が長安で蒐集将来した名だたる書家の書跡や有名な詩人の作品などを所望し、また空海自身による世説の屛風の揮毫などを進上せしめている。

すでに言及したように、空海が高雄山寺に誘なわれた翌年の九月に二朝併立による謂わゆる「薬子の変」が惹起している。その翌月の弘仁元年（八一〇）十月二十七日に空海は「国家の奉為《おんため》に修法せんと請う表」を上奏して、自らが長安で授かり得た金剛乗の法門こそが「仏の心肝、国の霊宝」であり、唐国では「開元より已来《このかた》、一人三公は親《まのあた》り灌頂を授けられ、誦持し観念」することで、「近くは四海を安んじ、遠くは菩提を求む」と記している。この確信は空海自身、師主恵果から受け学んだ真言秘蔵の法門について、自らの帰国願のなかで記していることと、完全に軌を一にしている。

唐国の朝廷に提出した帰国願のなかで、今まさに自らが恵果和尚から受けた法門について「此の法は仏の心、国の鎮なり」云々として、個々の人びとと、その人びとが属する社会、国家の安穏を実現しうる教えであるとともに、その福祉安穏を実あらしめること自体が、とりも直さずそのままに、人びとを煩悩から超脱せしめ、仏の悟りの境地へと直行せしめる近道そのものと言うのである。謂わゆる現当二世の安楽を期するのが真言秘蔵の法門というわけである。

この時、空海は二朝併立による争乱を鎮静し、国家を安穏ならしめんとして、「伏して願わくは、国家の奉為《おんため》に諸弟子を率《ひき》いて高雄の山門において、来月一日より起首《はじめ》て法力の成就に至るまで、且つは教え、且つは修せん」（『性霊集』巻四）と記している。この修法は空海をして思わぬ出向を促すことになる。高雄山寺から山城長岡の乙訓寺《おとくにでら》への移住である。

乙訓寺への移住について述べる前に、今少し最澄とのかかわりについて触れておこう。空海からの密教経軌の借用書写をつづけた最澄は、弘仁二年（八一一）二月十四日の「高雄大阿闍梨」あての書状で、「卑僧（最澄）の心の裏《うち》、常に阿闍梨（空海）の加被を蒙り、秘密宗を習学せんことを思う。ただし穏便得難く、久しく歳月を過すのみ」として、単に密蔵の経論の借用書写による読解ではなくて、直接の受法を常に考えていることを告げている。

かくて「此の度、彼《か》の御院（高雄山寺）に向かいて遍照一尊《へんじょういっそん》の灌頂を受け、七箇日許《ばか》り、仏子等の後に侍《はべ》りて法門を習学せん。和尚、若《も》し無限の慈を垂《た》れなば、即日必ず参奉《さんぶ》せん。伏して乞う、指南《しなん》を垂れ進止《しんし》せられよ。」云々と記す書状がそれである。

この書状では空海を「和尚」と尊称し、平安京へ出向いた折に高雄山寺で「遍照一尊の灌頂を受け」、その後、七日間ばかり、空海の弟子僧の後へ侍《はべ》って、この法門の奥義を習学したいと言うのである。いかに面授を以て本旨となすとは云え、大先輩の最澄を自らの弟子と同列に侍《はべ》らせての講説など、空海にとっては思いも及ばぬことであった。

これなど最澄の謙虚さを示す一例にすぎないが、二月十七日付で「遍照大阿闍梨（空海）」にあてて、「永世弟子最澄」と署名をした書状は、真言の法を慕《した》う心は一日として止むことはないとしながら、思いもかけぬ障《さわ》りごとが頻出して、心ならずも拝謁を欠いていることを謝するものであるが、その書状の冒頭では次のように記されている。

「仲春稍《やゝ》暖かなり。伏して惟《おもんみ》るに大阿闍梨（空海）、法明道安穏にして道体康和ならん。最澄、恩を蒙る。法を慕う志《こころ》。日として渇せざることなし」云々とあって、借用の経典の書写が未だ完了しないことへの詫び状である。

或る女流作家はかつて、これらの最澄の書状について、七歳も年上で、しかも仏教界の地位も遙かに勝る最澄が、空海に対して「最澄恩を蒙る」と極めて鄭重な言葉使いで依頼した用件を、空海はつれなく拒絶したと書いていた。おそらくそれは、最澄が不空訳の謂わゆる『理趣釈経』の借覧を請うたときのことを述べていると思われるが、古来一部の学者の間で言われている借覧拒絶そのことが真実のことではないのだが、何よりも、その女流作家には中国古来の書簡の作法、つまり「書儀」とか「月儀」に対する知識が皆無であったために、最澄の書状の文句を現代風に解釈しての誤解による憤慨であったのである。

書簡用語としての「即日某甲蒙恩」、つまり「即日《そくじつ》、某甲《それがし》、恩を蒙《こうむ》る」とは、「この頃、私もお蔭さまで変ったことはございません」といった挨拶用語であり、面識のない人に対しても使用されるのだ。最澄とか空海の文章を読む場合に、現代用語としてのニュアンスで解釈することには十分に留意する必要があることを示す一例にすぎない。

最澄の真筆の書状は唯だ一通のみ残っているが、後に言及することがあろう。空海の場合、真筆の手紙はいずれも比叡山の最澄に宛てた三通が現存する。いわゆる「風信帖《ふうしんじょう》」である。なかでも「東嶺金蘭」（比叡山の最澄）に宛てた九月十一日付の空海の書状は、「風信雲書、天より翔臨《しょうりん》す」で始まるもので、一般に「風信帖」と呼ばれている。この書状では最澄から天台大師智顗の『摩訶止観』を恵与されたことへの礼を述べ、最澄から叡山へ招請されたことに応じきれないことへの詫び状である。この返書で空海は「命に随い彼《か》の嶺（叡山）に躋攀《せいはん》せんと擬《はか》るも、限るに少願を以てし、東西すること能《あた》わず。今、我が金蘭（最澄）及び室山《しつさん》（修円）と与《とも》に一処に集会し、仏法の大事因縁《たいじいんねん》を商量《しょうりょう》し、共に法幢《ほうとう》を建てて仏の恩徳に報《むく》いんと思う。望むらくは、煩労《はんろう》を憚《はば》からず蹔《しば》らく此の院（高雄山寺）に降赴《こうふ》せられんことを」云々とある。

この書状に年号の記載はないが、もしこれが弘仁元年のものであれば、まさしく「薬子の変」にかかわっての修法のために、叡山へは赴き得ないと言うのだが、新来の天台、真言の仏法の在りようを、最澄と昵懇《じっこん》の南都の法相宗に属する修円《しゅえん》を含めた三人で懇談しようと言うわけである。「仏法の大事因縁を商量」するとは、「『法華経』に説かれるように、諸仏はもとより世尊もまた、あらゆる衆生に対して仏の智慧を開示し、悟りの心境へと入らしめるためのご出現であったのだから、叡山の最澄さまと室生《むろう》の修円師をも含めて、あらゆる仏教の宗派が仏一乗に融和される在りようを、ともに協議するために、どうか煩を厭《いと》わず高雄山寺へとご足労願いたい」という趣旨の返事である。

この返書で空海が「限るに少願を以て、東西すること能わず」と書いているのは、さきに述べたように「薬子の変」にかかわっての国家安穏を祈る修法のためであったかもしれない。いずれにもせよ、果して三者の協議が実際に行なわれたか否かは定かでないが、最澄自身は空海に対して真言秘蔵の受法を求めつづけるのである。

しかし空海は嵯峨帝の勅命によって、弘仁二年（八一一）十月に山城《やましろ》の乙訓寺《おとくにでら》に移住せしめられることになる。その移住は都に近いからというのは兎も角として、名目上は荒廃した乙訓寺の修築を別当《べっとう》せしめることとなっているが、その実は亡《な》き早良《さわら》親王の鎮魂を祈るためであったのだ。

かつて長岡遷都に際して延暦四年（七八五）八月に、この地で桓武天皇の側近で新都の造営長官であった藤原種継《たねつぐ》が暗殺された。その主犯は種継とは対立的立場にあった皇太弟早良親王を擁立して新政権の樹立をはかったと言われた東宮職長官の大伴家持《やかもち》など大伴・佐伯の連合勢力であるとされた。大伴家持は例の万葉の歌人としても有名であるが、種継暗殺の二十日前には逝去していたのである。

乙訓寺に幽閉された早良親王は飲食を断って自らの無実を訴えつづけたが、廃太子とされ、淡路へ流される途次に絶命した。桓武帝はその遺体をも敢えて淡路へと流すように命じたのだが、間もなく桓武天皇の身辺に不幸で悲しい出来事が続けざまに生起し始める。桓武天皇の夫人、旅子の死、母の皇太后高野新笠の崩御、皇太子となった安殿親王の風病の悪化など、世の人びとはこれらの不幸はすべて亡き早良親王の崇《たた》りと噂《うわさ》をし、桓武帝自身もそのように信じるようになる。

亡き早良親王を崇道天皇と追号し、陵墓も改めるのだが、帰国直後の最澄をして宮中において毘盧遮那法《びるしゃなほう》を修せしめ、また二度にわたって灌頂を修せしめたのも、桓武天皇にとっては早良親王の儀礼的な即位式による鎮魂を意図してのことであったかもしれない。

今、嵯峨天皇の勅旨によって空海が乙訓寺へ移住せしめられたのも、荒廃した寺の修築を別当するためであったとは云え、その実はこの寺に幽閉されながらも無実を訴えつづけた早良親王の鎮魂のためであったと思われる。乙訓寺へ移った空海は、境内に数株ある柑橘のたわわに実った黄金色の果実を七言の詩を添えて嵯峨天皇に献上してもいる。

空海が乙訓寺へ移った翌年の八月に、最澄は「西山遍照闍梨」宛の書状で、「辱《かたじけな》くも金札を枉《ま》げられ、伝法の旨を告ぐ」として謝意を表し、「遮那宗と天台とは与《とも》に融通し、疏宗もまた同じ」と書き、さらに「法花《ほっけ》、金光明《こんこうみょう》（の両経の修習）は先帝（桓武）の御願なり。また（法華）一乗の旨は真言と異なることなし。伏して云う、遮那《しゃな》を覓《もと》むるの機、年々相計り伝道せしめんことを」云々とある。

別の箇所で述べたように（拙著『空海の座標　存在とコトバの深秘学』）、この書状は天台法華宗の遮那業の年分学生を募《つの》って、天台法華宗の伝達への援助を乞うたものであって、自らの真言受法の依頼状と云えるものではない。最澄にとっては、空海は天台法華宗遮那業の伝達と充実に欠くべからざる存在であったのだ。

この年の十月、最澄は山階寺《やましなでら》（興福寺）での維摩会《ゆいまえ》に参加しての帰途、弟子の光定とともに乙訓寺に空海を訪ね、一泊している。この時、両者の間で大悲胎蔵と金剛界の両部の灌頂を行なうことが口約されている（『伝述一心戒文』巻上）。その頃、最澄が最も信頼を寄せ、自らの後継者とも考えていた泰範《たいはん》は比叡山寺での同法侶との確執を避けて、近江の高島に隠棲していた。最澄は早速に泰範に書状をしたため、ともに灌頂の秘法を受けることを勧《すす》めている。

その泰範にあてた弘仁三年十一月五日付の書状で、「最澄、去月二十七日頭陀《ずだ》の次《ついで》を以て乙訓寺に宿し、空海阿闍梨に頂謁す。教誨慇懃《きょうかいいんぎん》たり。具《つぶさ》に其の二部の尊像を示し、また曼荼羅を見せしめ、倶《とも》に高雄を期《ご》す。最澄先に高雄山寺に向う。同月二十九日を以て、阿闍梨（空海）は永く乙訓寺を辞し、永く高雄山寺に住《とど》まる。即ち告げて曰く、空海生年四十、期命尽《つ》くべし」云々と書き、更に空海のことばとして「宜しく持する所の真言の法を最澄闍梨に付属《ふしょく》すべし」とも綴り、「来る十二月十日を以て受法の日と定め已畢《おわ》る」と書き添えて、泰範に対して受法の調度をととのえて、ともに高雄山寺で空海から灌頂の法を受けるように勧《すす》めている（『伝教大師消息』）。

この泰範に宛てた最澄の書状で留意したいことは、乙訓寺で一か年を修法と修築に過した空海が、まさしく「期命尽くべし」といった情況にあった事実である。その時、空海の念頭には、自らが唐都長安の青龍寺で師主恵果和尚から、「汝が来れるを見て、（吾が）命の足らざらんことを恐る」ということで、直ちに「法の在《あ》りとし有るを授けられ」たこと（『請来目録』）を想起したに違いない。

余命幾許《いくばく》もなしと悟った空海は、先帝桓武によって勅許された天台法華宗の遮那業への密蔵の法門の移入によって、師主恵果との契約、すなわち「誓って（東国すなわち我が国に）密蔵を弘むる」ことが果されると思ったであろう。

最澄は直ちに高雄山寺での灌頂受法の準備にとりかかるのだが、当時、左衛士府《さえしふ》の長官であった藤原冬嗣《ふゆつぐ》に書状をしたためて、灌頂受法の援助を乞うている。弘仁三年十一月十九日付の冬嗣に宛てた書状では「最澄、海外に進むと雖も、然れども真言道を闕《か》く。留学生の海阿闍梨は幸《さいわい》に長安に達《いた》りて、具《つぶさ》に此の道を得たり。今、無常を告げて高雄に隠居す。最澄等、此の道の為に彼《か》の室に向い、来月十三日を以て灌頂を受くべし。貧道《ひんどう》、其の具を備《そな》え難《がた》し。謹みて受法の状を録して、伏して聞《もん》す、恩《めぐみ》を助けられんことを」と書かれている（拙著『空海と最澄との手紙』）。

当時すでに、「無常」という語が中国でも吾が国でも「死」を意味するものとして使用されていた（『続日本後紀』承和二年三月庚午条）のだが、最澄の念頭には『法華経』見宝塔品の一節が想起されたに違いない。その経典では「誰か能く此《よ》の娑婆《しゃば》国土において広く妙法蓮華経を説かん。今正《まさ》しく是の時なり。如来は久しからずして当《まさ》に涅槃《ねはん》に入るべし。仏、此の妙法蓮華経を付嘱して在《とどま》ることとあらしめんとす」とあるのだ。

今まさに密蔵の灌頂が授受されようとするとき授受両者の間には微妙な意識のずれが見られることに異常な関心をいだかざるを得ない。更に言えば、この両者の間の意識の相違が、やがて両者の別離を惹起せしめたと言っても過言ではあるまい。

かくて真言秘蔵の受明灌頂《じゅみょうかんじょう》が実現をみたのが、弘仁三年（八一二）十一月十五日の高雄山寺における金剛界灌頂であり、十二月十四日の胎蔵灌頂である。このとき灌頂を受けた人々の名前とそれぞれが投華して結縁し得た尊名を、「太僧衆数」「沙弥衆数」「近士衆数」と区分して、空海自身が自ら書きとめている。謂わゆる「灌頂暦名《かんじょうれきみょう》」がそれである。この「灌頂暦名」を凝視していると、空海の筆跡から、最澄をはじめとする数多くの入壇者の投華得仏の状況を、目《ま》の当《あた》りに拝見する思いが生じてくるし、空海自身の筆の動きもありありと見えてくる。

受明灌頂の後には梵字儀軌《ぼんじぎき》による諸尊の瑜伽観智《ゆがかんち》を学修することになっている。インドの文字で記述された瑜伽の実修法にもとづいての瞑想の修行である。自らが灌頂で結縁し得た尊格の境位との心的合一を目指すヨーガの実践である。今の場合、受明灌頂に入壇した受法僧はそのほとんどが叡山の僧徒か、それと法縁の深い人びとであったところから、『梵字妙法蓮華経儀軌』一巻による修法が行なわれることになった。この「儀軌」は不空訳『成就妙法蓮華経王瑜伽観智儀軌』と深いかかわりを有している。

この「法華儀軌一尊法」は、年も明けた弘仁四年二月から高雄山寺で行なわれることになったのだが、その年の正月十八日の書状で、最澄は自身の受法を辞退する旨を空海に伝えている。その理由として「小々の仏事ありて、暫《しばら》く学筵《がくえん》を辞す」と記し、「ただ神分転経《じんぶんてんきょう》の事あり、却帰せば即ち拝奉せん」とあるが、その実態はわからない。しかし弟子の泰範、円澄、光定等が再度高雄山寺に来山し、この法華儀軌一尊の法を空海から受け修している。それが終ると、弘

郵便はがき

101-0021

お手数ですが切手をお貼りください

千代田区外神田二丁目十八―六

春秋社

愛読者カード係

*お送りいただいた個人情報は、書籍の発送および小社のマーケティングに利用させていただきます。

(フリガナ) お名前	(男・女)	歳	ご職業
ご住所 〒			
E-mail		電話	

※**新規注文書** ↓(本を新たに注文する場合のみご記入下さい。)

ご注文方法 □**書店で受け取り**	□**直送(代金先払い)** 担当よりご連絡いたします。
書店名 　地区	書名
取次 この欄は小社で記入します	

ご購読ありがとうございます。このカードは、小社の今後の出版企画および読者の皆様とのご連絡に役立てたいと思いますので、ご記入の上お送り下さい。

〈本のタイトル〉※必ずご記入下さい

●お買い上げ書店名(　　　　地区　　　　書店　)

●本書に関するご感想、小社刊行物についてのご意見

※上記感想をホームページなどでご紹介させていただく場合があります。(諾・否)

●購読新聞
1. 朝日
2. 読売
3. 日経
4. 毎日
5. その他
(　　　　)

●本書を何でお知りになりましたか
1. 書店で見て
2. 新聞の広告で
(1)朝日 (2)読売 (3)日経 (4)その他
3. 書評で (　　　　紙・誌)
4. 人にすすめられて
5. その他

●お買い求めになった動機
1. 著者のファン
2. テーマにひかれて
3. 装丁が良い
4. 帯の文章を読んで
5. その他
(　　　　)

●内容
□満足 □普通 □不満足

●定価
□安い □普通 □高い

●装丁
□良い □普通 □悪い

●最近読んで面白かった本 (著者) (出版社)

書名)

春秋社
電話 03-3255-9611 FAX 03-3253-1384 振替 00180-6-24861
E-mail:aidokusha@shunjusha.co.jp

仁四年三月六日に再度、金剛界灌頂が行なわれ、泰範、円澄、光定等の五人の僧と十二人の沙弥が入壇し、その暦名も空海自筆のものが残っている。その灌頂が済むと、すべての受者は比叡山へと帰り、誰一人として肝心の伝法灌頂を受けてはいない。

それのみか、最澄はこの年の五月から比叡山寺で天台の深義を講じつづけ、九月一日に、その成果として『依《え》憑《ひょう》天台《てんだい》義《ぎ》集《しゅう》』一巻を撰述して、大唐と新羅のあらゆる仏教宗派の教説はすべて天台義によって確固たり得ていると主張するのである。自らは受法を辞したものの、「法華儀軌一尊法」が依拠する不空訳『成就妙法蓮華経王瑜伽観智儀軌』に説かれる『法華経』の真言密教化を念頭においての撰述であったことは明らかである。

この儀軌では、単に『法華経』を読誦講説するだけでは法華三昧を証成するに由なく、まずは大悲胎蔵大曼荼羅に入壇して阿闍梨から灌頂を受け、その阿闍梨にしたがって法華儀軌による行法を修することで、はじめて法華経に説かれる仏の悟りの境地へと到りうると言うのである。謂わば『法華経』の真言密教化の手引きと言えよう。

最澄にとってみれば、天台止観の法と真言の法とは義理冥符すと認めながらも、飽くまでも天台法華宗の基本は止観の教法でなければならなかったのである。それゆえに、『大唐新羅諸宗義依憑天台義集』を撰述したのである。大唐国や新羅の仏教諸宗はすべて天台の教義に依拠して宗としての体をなし得ているのだ。その天台義を一乗、四教、三観、そして法華三味と陀羅尼門で特徴づけて、仏教各宗はこれらいずれかの教義によって樹立し得ていると言うのである。

この最澄の撰述に対する南都諸宗の反応を示すものは全く知られていない。それゆえか、弘仁七年（八一六）に至って、最澄はこの撰書に序を著わして「天台の伝法は諸宗の明鏡なり」とし、とりわけ「新来の真言家は則ち筆授の相承を泯《みん》ず」とするのは空海が面授を尊しとしたことに対する反論として留意しておくべきであろう。

第二節　「中寿感興詩并びに序」の撰述

帰国後、一紀の韜黙《とうもく》を余儀なくされた空海ではあったのだが、最澄が『依憑天台義集』を著わした翌月に、空海は自らの四十歳の初算賀に当たり、「中寿感興の詩并びに序」を作って、知己の人びとに贈呈した。おそらく嵯峨天皇をはじめとする文人官僚や、南都北嶺の僧徒等にも贈られたものと思われる。

算賀とは年寿の祝賀であって、当時は四十歳を初算賀とし、それから十年ごとに年祝いを重ねていった。もともと中国の風習であったものが吾が国にも伝わり、記録としては聖武天皇の初算賀のことが『東大寺要録』に見えている。八世紀中葉に成立した『懐風藻《かいふうそう》』は、一説に淡海三船《おうみのみふね》の編纂とも言われるが、この有名な漢詩集のなかにも幾篇かの「五八《よそじ》の詩」が見えている。四十歳にかまけて四十字からなる押韻の詩を「五八の詩」と呼ぶのは、「四」が「死」の音に通ずるのを忌み嫌ってのことである。空海が創作した「五八の詩」とは次のようなものであった。

黄葉索山野、蒼蒼豈始終、嗟余五八歳、長夜念円融。
浮雲何処出、本是浄虚空、欲談一心趣、三曜朗天中。

押韻の文字は「終、融、空、中」である。この算賀の詩を贈られた人は、和韻の詩をつくって返礼するのが慣《ならわ》しであった。そのためには当然のことながら、この五八の詩の意味内容を深く訓《よ》み取らねばならなかった。そのためか、空海は自らの「五八の詩」に敢えて序を附して、そこに真言秘蔵の法の深秘なる密義をしのばせているのである。まず「五八の詩」を訓《よ》み下してみると、次のようになる。

黄葉山野に索《つ》く、蒼々《そうそう》として豈《あに》始終あらんや、嗟余《ああわ》れ五八《よそじ》の歳、長夜に円融《えんゆう》を念《おも》う。
浮雲何《いず》れの処《ところ》よりか出《い》ずる、本《もと》是れ浄虚空《じょうこくう》、一心《いっしん》の趣《おもむき》を談ぜんと欲すれば、三曜《さんよう》天中に朗《ほがらか》なり。

「黄葉はやがて山野に散り果てて、限りあるものと思われるけれども、果てしなくつづく蒼天には始めもなければ終りとてもない悠久の存在。あゝ、わたしもすでに黄葉にも比すべき四十の歳に達して、いつ散り果ててもおかしくはないのだが、長き秋の夜を瞑想に耽って、儚《はかな》しと思う吾れも永遠《とわ》の自然も、実には遍《あま》ねく融《と》けあい無碍《むげ》なることを、わたしはあるがままに観想するのだ。さもあらばあれ、あの迷妄とも云うべき浮雲は、そも一体何処《いずこ》から涌《わ》き出てくるというのか、虚空自体、本来的に清浄であろうものを。絶対者の心も衆生の心も実には一心であることを談じ論じようとすれば、まずは日月星辰が中天に朗々と輝きつづけている実相をみてみるがよい。」

ざっとこのような意味になろうか。この解釈は私の浅薄な字相のなぞりに過ぎないのだが、この「五八の詩」の深秘釈のために、空海自身、序において説明を加えてくれているのである。その序では算賀について「俗家には之を賀して酒会す、方袍何事をか是なりとせん。如《し》かじ、目《まなこ》を閇《とじ》て端坐して仏徳を思念せんには」として、不空訳『文殊讃法身礼《もんじゅさんほっしんらい》』一巻の四十行の頌に一々の文字の奥底に秘められる深密なる奥義を達観するために、観想のてだてとして「二百二十礼」を為すための「方円の二図」と「義注」をも撰述したと言う。残念ながら、この「方円二図」も「義注」も残っていない。

しかし、これらの二図や義注は「生盲の徒をして、『三昧の法仏は本《もと》より具《つぶさ》に我が心なり、二諦の真俗は倶《とも》に是れ常住なり、禽獣卉木《きんじゅうきもく》は皆な是れ法音なり、安楽なる覩史《とし》は本《もと》より来《このかた》、胸中なり』ということを悟らしめる」ための撰述であったと言うのである。この八字四句のなかに真言秘蔵の法門の深密なる奥義が含まれているというのであり、その精髄を詠じたのが、この時の「五八の詩」であると云うわけである。

この「五八の詩」を贈られた人は、この詩の字義に思いを込めて和韻の詩を詠じて贈りかえしたはずである。「五八の詩」の意義はもとより、空海がその「中寿感興の詩」に附した序の内容をも十分に理解することが必要であった。この「五八の詩」を贈られた最澄は、先年の灌頂以来、高雄山寺に留まっている泰範に書状を送り、「大阿闍梨（空海）示す所の五八の詩の序の中に、一百二十礼仏ならびに方円の図、並《なら》びに注義等の名あり。今、和詩を奉らんとするに、未だ其の礼仏図なるものを知らず。伏して乞う、阿闍梨に聞せしめ、其の撰する所の図義ならびに其の大意を告げ施せ。其の和詩は忽ちに作《な》し難く、著筆《ちゃくひつ》の文は後代に改め難し。惟《ねが》わくは其の委曲を示さば、必ず和詩を造り、座下に奉上せん」云々と書き記している。

この書状は最澄自筆のものとしては唯一残っているもので、「久隔帖」として知られている。空海から贈られた「五八の詩」に対して和韻の詩をつくって贈り返すのに、その「五八の詩」の内容を十分に理解するためには、序文に記載されている「一百二十礼仏」「方円の二図」そしてその「注義」にどうしても眼を通す必要ありとして、これらの借用を依頼した書状である。これらの借用が実現し、最澄が和韻の詩を詠じて空海へ贈ったことは、空海からの十二月十六日付の礼状の断片が残っていることから明白となる（拙著『空海と最澄の手紙』一二三頁参照）。

ちなみに最澄自筆の「久隔帖」の追伸には、「此の頃、法花の梵本一巻を得たり。阿闍梨（空海）に覧《み》せしめんが為に来月九、十日許《ばかり》を以て参上せん」云々とある。最澄がいかようにして法華経の梵本を入手し得たのか不明であるが、この梵本を空海に供覧せしめるために高雄山寺へ参上したいとあるのは、両者の関係はなおも親密であったことを示唆していると言えるだろう。

この時、最澄に限らず、南都の学僧からも多く和韻の詩が空海のもとに寄せられたであろう。とりわけ序において「生盲の徒をして頓《すみや》かに悟らしめん」として示された八字四句が大きな関心と注目を集めたものと思われる。

さきに示した「三昧法仏本具我心、二諦真俗倶是常住、禽獣卉木皆是法音、安楽覩史本来胸中」がそれである。

帰国の直後に国家へ提出した留学成果の報告書（『請来目録』）において明示された真言教学の幽邃性と深玄性は、南都の学僧たちにとっては、「教は常習に異なる」ことから「此の間の法匠は各々矛盾を為し、肯《がえ》んじて服膺せず」（実恵書状）との状況が、空海をして一紀の韜黙《とうもく》を余儀なくせしめたのだが、今この「五八の詩」の序に示された真言教学の核心に対して、人びとは無関心でありつづけるわけにはゆかなくなったのである。

法仏とは法身仏《ほっしんぶつ》を指し、存在の絶対的根源を意味する。つまり、この世界の全てが融合して存在する根源である法身仏は、元来、我々の心に具《そな》わっているものであり、世間的な真実と悟りの世界の真理とは、倶《とも》に永遠の在りようを示している。鳥や獣や草や木といった自然界が発する音声は、すべて法身仏の説法すなわち存在の根源である声《コトバ》そのもの、そして釈尊なき後、この世界に現われて人びとを救済すると言われる弥勒菩薩《みろくぼさつ》のいます覩率天《とそつてん》は、決して遙か彼方にあるのではなく、本来、人びとの心のなかに厳然として実存しているのだ、という意味になろうか。

この八字四句のなかには、後に空海によって撰述される真言教学を説示するすべての著作の精髄が、ものの見事に凝縮されて示されている。『聾瞽指帰』を著わした二十四歳の真魚（空海）は、仏道に生きる道を見出しても、なおも根源への道を求めて、釈尊が入滅時に保証を与えたと云う未来仏の弥勒のいます兜率天へ赴こうとしても、その道はなかなかに難路で険《けわ》しく、しかも四方八方へと幾つもの岐路に分かれていて、一体どの道を辿れば兜率天へと往き着けるのか、未だに見当すらもつかない有様と嘆息していたのだが、今まさに、その仏の悟りの世界は決して遙《はる》か彼方に非《あら》ずして、心中にして即ち近しとの自覚を体得し、その自覚にこそ真言秘蔵の教旨ありと断言するに至るのである。かくて南都の学僧らも空海の発言に注目せざるを得ない状況へと立ち到ることになる。同時にまた空海の豊かな素養と高い見識が瞠目されることにもなるのである。

その一例として、空海が弘仁五年(八一四)閏七月二十六日に朝廷に提出した「元興寺僧の中璟が罪を赦《ゆる》されんことを請う表」をあげることが出来よう。おそらくは中璟の師僧である護命か、あるいは、中璟と同じく護命の弟子で、空海と同じく讃岐出身の守寵《しゅちょう》からの要請によるものであったろう。中璟が犯した罪がどのようなものであったか未詳ではあるが、「中璟は戒行を護らず、国典を慎《つつし》まず、身、堀川に投《くっせん》すべき」は当然ながらも、「弘仁」という年号がまさに、「仁《じん》を弘《ひろ》める」ための政治であることにかんがみて、「伏して乞う、陛下、網《あみ》を解《と》いて辜《つみ》を泣き、纓《えい》を絶って讎《あだ》に報《むく》いたまえ」と奏上して中璟の赦免に力を添えていることなど、その一例に過ぎない。

第六章　密蔵の宣揚――「勧縁疏」

第一節　如来の説法は顕密の二意を具す

「中寿感興詩并びに序」を撰述して一か月の後、僧綱職の律師であった修円から、空海に『金光明最勝王経』の要諦を偈頌の形で要約するように依頼がなされた。律師の修円は翌年正月八日から、宮中で催される「最勝会」での講師を任命されていたのである。当時、「最勝会」またの名の「御齋会」は宮中で正月八日から七日間、斎《とき》を設け、法相宗か三論宗のいずれかの僧綱を召して、『金光明最勝王経』を講説せしめて、国家の安穏と五穀豊作を祈念した。弘仁五年（八一四）正月の「最勝会」の講師には律師の修円が選ばれていたのである。修円は室山《しつさん》とも呼ばれて、かつて最澄の呼びかけによって、空海を含めた三者で新仏教の在りようを議したこともあった間柄でもあった。

この時、空海が撰述したのが『金勝王経《こんしょうおうきょう》秘密伽他《ひみつかだ》』である。「金勝王経」とは『金光明最勝王経』であり、「伽他」（gāthā）とは梵語で偈頌を意味する。「秘密伽他」となれば偈頌の陀《だ》羅尼《らに》、つまり真言《しんごん》を指す。

この冒頭では、「円律師は眇年《びょうねん》にして俗を脱《はな》れ、器は則ち瑚璉《これん》なり。江海の経論、懸河の其の辯、国家は之を屈して最勝の妙典を講ぜしむ。公《きみ》は予《われ》に託して伽他を覓《もと》む。余《われ》、持観に暇《いとま》なきも、仁に当りて凍筆を寒燈に含んで、深致を釣る。散を遠ざけ思いを凝《こ》らし、乙夜《いつや》に金石を沙汰す。捴《そう》じて十七偈を得たり。勒《ろく》して一軸と成し、名づけて金勝王経秘密伽他と曰《い》う」とある。何たる名文、何たる自信の表明。文筆家の空海の面目躍如たるを感ずる。この序の文章の文字の皮相的な意味だけをたどれば、ざっと次のようになろうか。

「修円律師はお若い頃から世俗を離れ、その器量は宗廟に捧げる神器のように秀れていた。尨大な仏典論疏に精通し、流れる河のように弁説も爽やかである。それ故にこそ、国家（天子）はこの修円律師に膝を屈して金光明最勝の妙《たえ》なる経典を講説せしめるのである。その修円律師は、あろうことか、この私ごときに金光明経の要旨を偈頌の形で要約するように依頼された。私は瑜伽観法《ゆがかんぼう》に余念なき身で、文筆に疎遠ながらも、凍りついた筆を寒中の燈明にかざしつつ、この深遠な経典の奥義に思いを凝《こ》らし、深夜に到ってようやく、黄金に比すべき真髄を詠ずることができました。かくて此の秘経の奥義を十七偈にまとめて一巻といたし、金勝王経秘密伽他といたしました。」

ざっとこのような意味になろうか。なお、冒頭の「円律師」を、後に空海の弟子となる真円とみなす説もあるが誤りである。さきに触れたように、当時の最勝会での講師は僧綱職にあるものに限られており、『僧綱補任』第一によれば、弘仁四年から五年にかけての律師五人のなかに、いずれも修円が含まれている。空海の第一弟子と言われる実恵が律師に任ぜられたのは承和二年（八三四）五月十日であった事実からみても、今の場合の「円律師」を真円と見做すことはあり得ない。

この『金勝王経秘密伽他』の序で、「夫《そ》れ如来の説法は必ず顕密《けんみつ》の二意を具す。顕は則ち常《じょう》途《ず》の所談、是れなり。密は即ち秘蔵の所論、即ち是れなり。顕家の趣きは歴代の口実なり、密蔵の旨は此の土《くに》は未だ解《さと》らず」とし、「今、此の経を見るに、傍《かたわら》には顕の義を説くも、正しくは真言を以て宗を立つ。所以《このゆえ》に自宗の義を挙げて、以《もっ》て頌詞を樹《た》つ。冀《こいねが》わくは博達の士よ、疑《ぎ》侟《け》を致すこと莫《なか》れ」と明記している。

そしてこの見解は終世変ることはなかった。空海は最晩年、この宮中における「御斎会《みさいえ》」の真の在るべきようを上奏して、承和元年（八三四）十一月十九日の上奏文で「空海聞くならく、如来の説法には二種の趣き有り。一には浅略趣、二には秘密趣なり。浅略趣と言うは諸経の中の長行偈頌、是れなり。秘密趣とは諸経の中の陀羅尼《だらに》、是れなり」云々と述べて、経典の文字づらだけを読み解いてゆくのは、『大素経《たいそ》』や『本草経《ほんぞう》』といった処方や薬の経典に説かれる病源や薬性を理解するに過ぎないと言う。病を治癒するためには正しく処方された薬を服用して、はじめて可能となる。あたかもそのように、経典の深奥なる「秘密趣」つまりは陀羅尼の秘法を実際に読みとり実修することこそ肝要とするのである（『続日本後紀』巻第三）。この「宮中における正月の御修法《みしほ》」については後に再び言及することがあろう。

ここで特に想起すべきは、帰国後に国家に自らの留学成果を報告するなかで、真言秘蔵の法門を体系的にまとめて、はじめて請来しながらも、しかしなお「法海は一味なり、機に随って浅深あり」という普遍的な宗教文化観を強調していた事実である。如来の説法たる経典には文字通りの表層的な教説と、その一々の文字の奥底に秘められた深層的な密義が含まれている。つまりは「如来の説法は必ず顕密の二意」がこめられているのである。

問題はそれぞれの経典に接する人びとが、その経典の文字の意味の深みに、どれ程、到達し得るかにかかっているのだ。しかも「法海は一味」という本来的原初的な在りようからして、その意味の深みは、単に仏典のみに限られてはいない。人乗《にんじょう》、天乗《てんじょう》、声聞《しょうもん》・縁覚《えんがく》の二乗、そして菩薩乗の五乗すべてに妥当するのである。現在では、世界のあらゆる異なった宗教、文化に適用しうる普遍的な深層構造を示す真理の披瀝と言うべきであろう。

　年も改まった弘仁五年（八一四）閏七月に、空海は「古今文字の讃」一巻とか「王右軍の蘭亭の碑」一巻などの書跡とともに、自著の『梵字悉曇字母《ぼんじしったんじも》并《なら》びに釈義《しゃくぎ》』一巻を、嵯峨天皇に献上している。この上表文では、「文章は経国の基《もとい》」の根源をなす事実、すなわち「帝道、天を感ずるときは則ち秘録必ず顕《あら》われ、皇風、地を動ずるときは則ち霊文聿《つい》に興《おき》る」云々と説き示し、漢字自体の意義を明らかにしながら、その漢字と同じように、否、漢字以上に尊く、且つ深玄なる文字としての梵字悉曇《ぼんじしったん》について次のように明示する。

「悉曇の妙章、梵書の字母は、体《たい》、先仏より凝《こ》り、理、種智《しゅち》を含む。字は生の終りを絡《まと》い、用《ゆう》は群迷を断《た》つ。三世の覚満《かくまん》は尊んで師と為し、十方の薩埵《さった》は重んずること身命に逾《こ》えたり」として、この悉曇の「文字の義用《ぎゆう》、大いなる哉、遠《はるか》なる哉」と詠嘆する。

　すでに述べたように、空海は多くの梵字の儀軌や讃、さらには真言、陀羅尼の写本を始めて請来した。その理由は、真言は極めて幽邃《ゆうすい》にして字字の義が極めて深く、発音を違《たが》えればその実義が損なわれてしまう。だから真言、陀羅尼を正しく読誦するためには、長短などの音韻の区別を有しない漢字音写のテクストではなくて梵字の原典でなければならなかったのだ。それのみか、この梵字悉曇は「体、先仏より凝《こ》り」しものと言うのである。

　つまり「梵字の字母、その字体は、仏が世に出現される以前から定《さだ》まっており、その文字の有する理法はあらゆる仏菩薩の智慧を含んでいるのだ。この悉曇の文字はまさしく人の生死、自然の始終にかかわりなく、永遠なる実存であり、その文字の働きは一切の迷いを断ち切るものだ。だからこそ、過去・現在・未来の三劫にわたって、悟りの窮《きわ》みにある仏もこの文字を尊んで師となし、十方の菩薩もまた、この文字を身命にかえて尊重するのである」。ざっと、このような意味になろうか。

『梵字悉曇字母并びに釈義』では、空海はまず、梵語梵字は梵天（Brahman）によって造られたものとする通説を否定し、「若し大毘盧遮那経に依りて云わば、此れ是の文字は自然道理《じねんどうり》の所作なり。如来の作る所にも非ず、梵王諸天の作る所にも非ず」とする。しかし人々、とりわけインドの人びとはすべて梵語、梵字を日常の生活用語として使っているではないか。

その点に触れて「世人はただ彼《か》の（梵字の）字相《じそう》のみを知り、日々に用うると雖も、未だ曽《かつ》て其の字義《じぎ》を解《さと》らず。如来は彼《か》の実義を説きたまう。若し字相に随ってのみ之を用うれば、則ち世間の文字なり。若し実義を解《さと》れば則ち出世間の陀羅尼《だらに》の文字なり」と説く。かくて陀羅尼とは梵語であり、唐では総持《そうじ》と翻訳されるように、「一字のなかに無量の教文を総摂し、一法の中に一切の法を任持し、一義の中に一切義を摂持し、一声の中に無量の功徳を摂蔵す。故に無尽蔵と名づく」と説く。

総持と表現しうる陀羅尼とか真言は、梵天の所作でもなく、如来の作るところでもなくて自《じ》然道理《ねんどうり》の所造なのであるから、梵字梵語自体には一字の声に無限無量の深い意義が含まれている。だから、もしも陀羅尼を翻訳すれば、あたかも宝玉の三偶がかけてしまって、僅かにその「かけら」の一片のみしか残らないようなもの。だから真言伝授の阿闍梨であった不空三蔵などは、すべて密教の真言を教授するとき、悉く梵字と梵字のテクストを用いたのだとも書き添えている。

かくて、この梵字は三世にわたって永遠なる実存であり、十方に通じて改まることもないから、これを学び、これを書することによって、人びとは永遠の悟りである仏の智慧を了得し、この文字を観想し、この陀羅尼を誦することで、人びとに不壊《ふえ》の法身つまりは存在の絶対的根源である仏の境地へと到り着くと説く。

「諸教の根本にして諸智の父母なるもの、それこそまさしく此の梵字である」との空海の説示が、嵯峨天皇をして自ら梵字悉曇を習わしむることになってゆくのである。

同じ弘仁五年の八月には、下野《しもつけ》の芳賀《はか》出身の学僧 勝道《しょうどう》（七三五―八一七）の依頼で、「沙門勝道、山水を歴《へ》て玄珠《げんじゅ》を瑩《みが》く碑并びに序」を撰書して贈っている。空海は勝道とは面識はなかったのだが、下野の国学の伊博士の仲介による執筆であったのだ。この碑文の末尾には「人の相知《あいし》ることは必ずしも対面して久しく語《かた》るに在《あ》らず。意通《おもい》ずれば則ち傾蓋《けいがい》の遇なり。余《われ》、道公とは生年より相見《あいまみ》えず、幸《さいわい》に伊博士公に因り、其の情素の雅致《がち》を聞き、兼《か》ねて洛山《らくさん》の記を請うことを蒙る」云々と付記されている。

つまり知り合いの仲と云うのはお互いに面識がある間柄を言うのではなくて、思いを同じくし意志が通じあっていれば、親しく語りあえる仲と言えるということであろうか。「私は勝道師とはこれまで一度もお会いしたことはないのだが、幸いにも伊博士の紹介で勝道師の脱俗ぶりを聞き、下野の補陀洛山《ふだらくさん》の記を撰述することを依頼された。直ちに拙《つた》ない言辞をつらねて、白絹の上に揮毫した次第」という程の意味となろうか。

奥日光の補陀洛山は、別に二荒山《ふたらさん》とも書かれるが、観音菩薩がいまし、神々がとどまりし山として、勝道はこの山の頂に登って修行することを試みるのだが、幾度も失敗する。勝道は天応二年（七八二）三月に、神々のために経典を書写し、仏像を描き、山麓で七日七夜ひたすら誦経礼仏して、「もし神明にして知有らば、願わくは我が心を察せよ。我が図写する所の経及び像等、当《まさ》に山頂に至りて神の為に供養し、以て神威を崇《あが》め群生《ぐんじょう》の福《さいわい》を饒《ゆたか》にすべし」と祈り、かつ「我れ若し山頂に到らざれば、また菩提《さとり》に至らじ」と発願《ほつがん》して山頂を目指した。

かくて「脚踏むこと一半にして身疲れ、力竭《つ》き、憩息《けいそく》すること信宿《しんしゅく》（二晩）、終《つい》に其の頂きを見る」云々と綴られている。往時の人が未踏の山に登る意義は、まさしく、そのようであったのだ。神仏がいます山頂に到って、神威を崇《あが》め、自らを省《かえり》みて多くの人びとの福祉《さいわい》を豊かにするためであって、決して前人未踏の山頂を征服するといった不遜《ふそん》な考えは微塵もないのである。もしも仮りに自然を制覇するといった傲慢《ごうまん》な自惚《うぬぼれ》からの登山であったならば、逆に大自然に征服されてしまうことになるだろう。人間は本来的に自然、つまりは「母なる大地」にいだかれて、自然環境と内密的な一体性においてのみ存在し得ているからである。

このような自然と人間との在りようについて、空海はこの「沙門勝道山水を歴《へ》て玄珠を瑩《みが》く碑并びに序」の冒頭で、次のように述べる。

「夫《そ》れ境は心に随って変ず、心垢《けが》るるときは則ち境濁《にご》る。心は境を逐《お》って移る、境閑《しず》かなるときは則ち心朗《ほがら》かなり。心境冥会《みょうえ》して道徳玄《どうとくはる》かに存す。」

自然的文化的環境は人間の心に応じて変化してゆくものである。だから人びとが自己の利便性や快適性のみを求めて環境に接するとき、自然の環境は汚濁してくるし、人は自然から疎外されてくる。逆に人間の心は自然環境につれて移りゆくものであるから、環境が閑静で豊かであれば、そこに住んでいる人びとの心も自ずから朗らかになってゆく。人間の心と自然の環境とは内密な本来的一体性において実存するものとの自覚が得られたときに、万物の根源とその働きとが自《おの》ずから明らかになってくる、という程の意味であろうか。「道徳」とはまさしく人為、作為を超えた万物の働きや在りようを意味しているのだ。

さきに見た「中寿感興詩」の序で、空海は「禽獣卉木は皆な是れ法音なり」と詠じていた。この一節と、さきの「心境冥会して道徳玄かに存す」の一節を合糅するとき、ここに空海の

「声字実相《しょうじじっそう》」の深密な存在論の嚆矢《こうし》を読みとることができよう。

第二節　「勧縁疏」――真言秘法の宣揚

留学から帰国した最澄を「良《まこと》に国師たり」と称賛した桓武天皇は、最澄が齎持した天台の法文の主要なるものを「天下に流布して釈衆に習学せしめんと欲して、七大寺の為に七通を書写すべく、禁中（宮中）の上紙を給付して、図書寮《ずしょりょう》に仰せて書写せしめ」（『叡山大師伝』）、その統括を大学頭であった側近の和気広世に命じていた。

それは、久しき年にわたり激しく続いた南都の三論、法相両宗の争論を収斂《しゅうれん》せしめるために、「釈迦一代の教を総括して、その趣きを顕《あら》わす」天台の法文を、宗派を問わず、あらゆる宗派の出家者の必修科目とする親慮によるものであったろう。

しかし桓武天皇の勅命で開始された天台法文の七通の書写が終了し、その「装潢《そうこう》」すなわち表装も完了したのは、十年を経過した弘仁六年（八一五）の春であった。これらの法文の一部、天台大師智顗《ちぎ》の『摩訶止観《まかしかん》』二十巻の題箋《だいせん》を嵯峨天皇自身が金字で揮毫して、これらの天台法文が南都七大寺へ安置されたのは、先帝桓武天皇の国忌の弘仁六年三月十七日であった。

文人天皇の嵯峨帝は、この日、殿上において、玄蕃寮《げんばのりょう》の真苑雑物《まがらのすいもち》と最澄の側近の弟子光定《こうじょう》との間で、法相と天台との宗義論を講ぜしめている。真苑雑物は還俗《げんぞく》以前は南都の法相の学僧であったのである。

三論、法相両宗の久しきに亘《わた》る宗論を鎮静するために試みられた先帝桓武の親慮は、新たに法相と天台との宗論へと転向することになったのは、皮肉な結果と言わざるを得ない。この後、最澄自身は生涯にわたって法相の徳一《とくいっ》との間で、熾烈な三一権実《さんいつごんじつ》論争をつづけることになる。つまりは法相と天台との教義の優劣論争である。

天台法文の七通が南都の七大寺へそれぞれ安置されたとき、嵯峨天皇は空海に対してもまた、新来の真言密蔵の法門宣揚を促す口宣をくだしたのである。かくて空海は、帰国後閉ざしつづけざるを得なかった一紀《いっき》の韜黙《とうもく》からようやく脱することができたのである。この転機について、後に空海は次のように回想している。

「去《い》んじ延暦二十三年を以て彼《か》の大唐に入り、大悲胎蔵及び金剛界の両部大曼荼羅の法、並びに一百余部の金剛乗を奉請《ぶしょう》して平《たい》らかに本朝に帰るも、地に相応の地なく、時は正是の時に非ず。日月荏苒《じんせん》として忽ちに一紀《いっき》を過ぎたり。爰に輪王《りんのう》運を啓《ひら》いて此の法を弘めんことを擬《はか》る」（『性霊集』巻九）とあるのが、それである。

輪王すなわち嵯峨天皇が密蔵法文を弘める機運を啓発したのは、おそらく口宣によってのことであったろう。かくて空海は弘仁六年（八一五）三月中旬に「諸の有縁の衆を勧《すす》めて秘密の法蔵を写し奉るべき文」（『性霊集』巻九）を撰述して、自ら請来した「秘密の法蔵」つまり真言密教の経論の主要なるもの三十五ないしは三十六巻の書写の依頼を介して、秘蔵の法門の宣揚に踏み出すことができたのである。師主恵果との間にかわされた「東国（日本）に帰りて秘輪を宣揚せんことを」との誓約が、今ようやく実現することになったのである。

この謂わゆる「勧縁疏《かんえんのしょ》」においても、「貧道、帰朝して多年を歴《ふ》と雖も、時機未だ感ぜずして広く流布すること能わず。水月別れ易く、幻電駐《げんでんとどま》り難し。元《もと》より弘伝《ぐでん》を誓う。何んぞ敢えて韜黙《とうもく》せんや」と記されている。

帰国後十年余にしてようやく真言秘蔵の法門の宣揚が可能となり得たのである。過ぐる年の「中寿感興詩并びに序」によって知識階層の人びとの注目を集め、なかんづくその序文の内容は南都の学僧らに異常な関心を生ぜしめたと思われる。たとえば東大寺の臨壇華厳和尚《りんだんけごんわしょう》と呼ばれた奉実《ほうじつ》は「年八十に及んで始めて密宗を学び、耽味して寝飡《しんさん》を忘る。之を得ることの晩《おそ》さを恨む。年八十四にして亡ず、弘仁十一年なり」（『元亨釈書』巻第二）とあるのによれば、奉実が秘蔵の法門と出会ったのは弘仁六年か七年と云うことになる。

後に言及するように、弘仁七年（八一六）初秋には南都大安寺の勤操《ごんぞう》は諸々《もろもろ》の名僧を率《ひき》いて、高雄山の金剛道場において、空海から三昧耶戒《さんまやかい》という密教の戒を受け、両部の灌頂に沐している（『性霊集』巻十）。この名僧のなかに奉実も含まれていたことは間違いない。この翌年の弘仁八年八月二日に、奉実は空海に対して『実相般若経《じっそうはんにゃきょう》』について四箇の質問を行っている事実にも留意すべきであろう。

「勧縁疏」では「秘密の法蔵、合して三十五巻を写し奉るべし」とあって、「具《つぶさ》なる目録、別紙に載《の》せたり」とあるけれども、その目録は残っていない。ただ京都市栂尾の高山寺に、この時の空海の「勧縁疏」による依頼に応じて、上野国浄土院の教興が書写せしめた『金剛頂大教王経』三巻が現存している。


この写本には「秘密経王三十六巻、弘仁六年五月依海阿闍梨之勧進、上毛沙門教興書進」と記され、その奥書に「写経生仏子教興」と書かれていて、更には「経師近事法慧」とある。これによれば、「勧縁疏」によって書写を依頼したのは、不空訳『金剛頂瑜伽真実大教王経』三巻をはじめとする三十六巻であったことになる。

「勧縁疏」を弟子の僧康守や安行らに持参せしめて、秘蔵法文の書写を依頼した空海の書状としては甲斐《かい》、武蔵、上野《かみつけ》、下野《しもつけ》、常陸《ひたち》の東方諸国の人びとに宛てたもののみが残っている。弘仁六年三月二十六日付の「下野広智禅師」、同年四月五日付の「陸州徳一菩薩」宛の書状は完全な形で残存している。更には「甲州藤太守」（甲斐国守藤原真川《まかわ》）、「常州藤使君」（常陸国守藤原福當麻呂《ふたぎまろ》）などのほかにも、宛人を欠く書写依頼状が多く残っている（拙著『空海と最澄の手紙』法蔵館）。

僧分に宛てたほとんどが、東国の化主《けしゅ》と呼ばれた道忠の門下に対するものであるが、このことが年余の後、最澄をして東国地方への天台法華宗の伝播へと旅立たしめ、常陸の徳一との間での「三一権実」論争を惹起することになるのである。

ちなみに徳一は若くして都の虚飾を厭《いと》って東国に移り、会津の恵日寺を中心に民衆の教化に専心したと伝えられる。なお、この徳一が「勧縁疏」にかかわって、密蔵の法門について十一か条からなる質問状を空海に寄せたとの伝承がある。謂わゆる『真言宗未決文』がそれであるが、最澄との論争の文義文体からみて、余りにも稚拙な文体や内容からみても徳一の真筆ではないと私は考えている（拙著『空海の座標　存存とコトバの深秘学』慶応義塾大学出版会、参照）。

ここで道忠の門下の一人であった広智へ宛てた依頼状を出してみよう。

「幽蘭は心なけれども気遠く、美玉は深く居《うずくま》りても価貴《あたいたか》し。闍梨《じゃり》は避方《かほう》に僻処《へきしょ》すれども、善称は風雲と與《とも》んじて周普《あまね》し、甚善、甚善。貧道《ひんどう》、大唐に遊んで習い得る所の真言《しんごん》の秘蔵、その本末だ多からざるに縁《よ》りて、久しく講伝を滞《とどこ》る。今思わく、衆機《しゅき》の縁力に乗じて神通《じんづう》の宝蔵を書写せんことを。所以《かるがゆえ》に弟子の僧康守《こうしゅ》を差《さしつか》わせて、彼の境に発《た》ち向わしむ。冀《こいねが》わくは彼《か》の金剛薩埵《こんごうさった》の悲願に乗じて、待雨の種子を扣勧《こうかん》せんことを。今、康守金剛子に因《よ》る。釈空海白《もう》す。

三月二十六日

下野広智禅師侍童謹空」

一読して空海の篤《あつ》い慮《おも》いは察せられようが、大体、次のような意味になろうか。「深山の幽谷にひっそりと咲く蘭の花には、自らの妙《たえ》なる香りを誇る心など微塵もないとは云え、その気高い薫《かお》りは遙かに遠くまでも及びます。また美しい宝石はたとえ地中深くに埋《うず》もれてはいても、その価値が高貴なことに変りはありません。あたかもそのように、広智阿闍梨は都から遙かに遠い東国の辺境の地に居られようとも、その勝れた名声は風雲とともに遍《あま》ねく知れわたっています。まことに嬉《よろこ》ばしき限りです。この私が大唐に留学して習得した真言秘蔵の経論は、未だに多くの部数を復写することがかなわず、そのために此の尊い教えを久しき間、広く伝えることがかないませんでした。今、多くの人びとの勝縁を頂戴して、世にも稀れなる神通の宝典を書写していただいて、その教えを宣揚したく存じます。そのために弟子の僧の康守を御地へと向わせました。どうか此の秘蔵の教えを法身仏から最初に受けて伝えんとした金剛薩埵の悲願にかまけて、真言の秘教を待ちうけている人びとの望みが叶《かな》えられますように。」ざっと、このような意味になろうか。

ちなみに、空海は生涯にわたって、この広智らとは交わりを続けていた。天長四年（八二七）三月には、空海は「東山の広智禅師」に対して「十喩の詩」を詠じて贈っている。「如幻の喩」から「旋火輪の喩」に至る「十喩の詩」は格調の高い漢詩であり、「修行者の明鏡、求仏の人の舟筏《しゅうばつ》なり。一《ひと》たび誦じ一たび諷ずれば塵巻《じんかん》と与《とも》んじて義を含み、一たび観じ一たび念ずれば沙軸《しゃじく》と将《とも》んじて、以《もっ》て理《ことわり》を得」べき詩であるとも記している。つまり此の「十喩の詩」には無数の秘蔵の深義が含まれていて、まさしく此の詩自体が真言《しんごん》なのであり、一《ひと》たび念誦すれば、こよなき悟りの境地へと尊く真理を体得できると云うわけである。

「勧縁疏」においても、「此の法門に結縁して書写し、読誦し、説の如く修行し、理の如く思惟せば、則ち三僧祇《さんそうぎ》を経ずして父母所生の身に十地の位を超越し、速《すみや》かに心仏《しんぶつ》に証入せん。六道四生は皆な是れ父母なり。蠉飛蠕動《けんびじゅどう》に仏性《ぶっしょう》あらざることなし」と末尾に記されている。これこそ、真言秘蔵の教旨を平易な表現で示した一節と言えるだろう。

三僧祇とは無限に近い長い時間を云う。この真言密教に縁《えにし》を結んで、その教えどうりに修行し、思惟すれば、顕教で説くような三僧祇という無限に近い修行を経《へ》ずとも、父母所生のこの身このまま、十段階に区別される尊い菩薩の境地をも飛び超えて、一気に仏の覚《さと》りの境地に到達できると云うのである。

このような謂わば「道は余宗より高く、教は常習に異なる」点が、南都の諸宗からは異端視されてきたのだが、今や空海は「中寿感興詩并び序」や、この「勧縁疏」によって真言密教の真髄を示唆し、その修法を勧めるに至ったのである。まさしくこの「勧縁疏」こそ空海の真言教学形成の一大エポックたり得たものと言えよう。極言すれば、これ以降の空海の撰述のほとんどすべての要素は、この「勧縁疏」のなかに含意されていると云っても過言ではない。

その「勧縁疏」では、まず顕密二教の相違から説き始める。その冒頭で「夫《そ》れ教は衆色《しゅしき》に冥《かな》い、法は一心《いっしん》に韞《つつ》めり。迷悟、機を殊《こと》にして感応、一に非ず」云々とするのは、『請来目録』において「法海は一味なれども機に随って浅深あり」云々の一節と趣旨を同じくしている。

つまり、あらゆる教法は仏教以外の教えさえも含めて、本来は全一なるものであるが、人びとの素質能力、環境、時代等々の相違によって様々な相異をみせているのだ。あたかも一つの宝石を様々な対象物にかざすことで、色々と異なった光りに輝いて見えるようなものだと云うわけ。

かくて仏にもまた三種あって、衆生の機根に応じて異なって出現される。この中、我々の素質能力に応じて、人のことばで教えを説示された応化仏つまりは釈迦牟尼仏とか、或は一切存在の根源としての法身仏《ほっしんぶつ》とかの区別がある。『勧縁疏』においても「一乗、三乗、鑣《くつばみ》を分《わか》って生《しょう》を駈《か》る、顕教、密教、機に逗《かな》って滅を証す」と記す。応化身の所説が顕教であり、密教は法身の所説なのである。それは「本有の三密」すなわち本来的根源的存在を形成する身口意の働き、その在りようを示したのが密教なのだと云う。そのことを「自証の理を説く如義語、真実なる説」とするのである。

だから顕教は、たとえば華厳《けごん》宗の『十地経論《じゅうじきょうろん》』とか天台法華の『摩訶止観《まかしかん》』、三論宗の『般若燈論釈《はんにゃとうろんしゃく》』などでは、すべて「果分不可説」の立場にあって、通常の世間的な言語によっては仏の悟りの内実は説き示し得ないと云う。つまり仏の悟りの境地は通常の言語の領域を遥かに超えているとする。そのことが「言語道断《ごんごどうだん》」とか「言亡慮絶《ごんもうりょぜつ》」と表現される。つまり仏の悟りの境地は言語で道《い》うことが断たれており、言語表現や思慮分別をはるかに超絶している領域とするのである。

それに対して、密教は果分可説とする。さきに見た「中寿感興詩并びに序」で、空海は「禽獣卉木は皆是れ法音なり」と詠じていた。自然が発する音はすべて「法音」すなわち「法身のことば（説法）」と云うわけ。

法身（dharma-kāya）とは「存在の拠りどころ」つまりは存在の根源を指している。だから、「法身説法」とは法身が説法することなのだが、法身が説法すると云うことは法身が説法すなわち「コトバ」そのものであることによって可能となる（井筒俊彦『意味の深みへ』岩波書店）。その「コトバ」とは存在の根源である真実語すなわち真言《しんごん》（mantra）であり、空海はこの真実語は梵語では曼荼羅（maṇḍala）つまりは真実在であると言う。だから「存在はコトバ」なのだ。

「勧縁疏」において今一つ留意すべきことは「三心平等」についての論述である。空海は唐都長安において「甘露を仰い」だ師主として、インド僧の般若三蔵と青龍寺の恵果和尚の二人を挙げて、「已《すで》に指南を蒙って之の文義《もんぎ》を記す」としている（『性霊集』巻五）。この「文義を記す」ことが、とりわけ恵果和尚から受け学んだ奥義を「記録」していたのか「記憶」していたのかは別として、この「勧縁疏」においては恵果和尚のことばを直接に引いて、次のように記している。

「和尚告げて曰く、若し自心《じしん》を知るは仏心《ぶっしん》を知るなり。仏心を知るは衆生《しゅじょう》の心《しん》を知るなり。三心平等なりと知るを即ち大覚《だいがく》と名づく。大覚を得んと欲《おも》わば応《まさ》に諸仏自証の教を学すべし。自証の教えとは謂わゆる金剛頂十万偈及び大毘盧遮那十万偈の経、是れなり。此の経は則ち浄妙法身大毘盧遮那仏が自眷属《じけんぞく》の法仏と与《とも》に法界秘密心殿の中に住《いま》して、常恒《じょうごう》に演説したまう所の自受法楽《じじゅほうらく》の教えなり。故《もと》の（十万偈の）金剛頂経は自受法楽の故に此の理趣を説くなり。応化仏の所説と同じからず。又、龍猛菩薩の云わく、自証の三摩地《さんまじ》の法は諸教の中には闕《けつ》して書せず。言うこころは、ただ此の秘密の経論の中にのみ説けり。自外《じげ》の顕（教）の経論の中には説かざるなり。法身如来より我が大広智三蔵（不空）和尚に曁《いた》るまで、師師伝受して今に六葉なり。仏法の深妙もまた此の教に在るなり。菩提を証せんと欲《おも》わば斯《こ》の法最妙なり。汝當《まさ》に受学して自ら覚り、他をして覚らしむべしといえり。」というのが、恵果和尚が空海に直接に説示したことばである。

今まさに真言秘蔵の法門を宣揚するに当って、師主恵果の説示のことばを直接援引することで、「三心平等」の密教的深秘なる真実義を示そうとするのである。と言うのも、「三心平等」はつとに『華厳経』入法界品に明示されていて、その事実は仏教界にあっては常識以前のことであったからである。その『華厳経』入法界品では「如心仏亦爾、如仏衆生然、心仏及衆生、是三無差別」とある。「（自己の）心の如く仏（の心）も亦、爾《しか》なり。仏（の心）の如く衆生（の心）も然《しか》なり。（自己の）心と仏（心）と及び衆生（の心）の是の三は差別なし」と云うこと。

顕教の経典と見做す『華厳経』に説かれている教説を密教の基本的な秘説と主張するのは何故であるのか。確かに密教の基本経典の一つ、『大毘盧遮那経』入真言住心品では「秘密主よ、云何《いかん》が菩提《ぼだい》とならば、謂わく、実の如く自心を知ることなり」と明示されてはいる。しかしこの三心平等の深秘なる真実義を明白に説示しているのは、現存の『大毘盧遮那経』や『金剛頂経』の原典である十万偈の『大毘盧遮那経』であり、なかんづく十万偈の『金剛頂経』に明示されていると言うのである。これら十万偈の両経は今はすでに「故《な》」き状態で、その趣旨が六葉にわたって口承口伝されて、今に至っていると云うわけである。

そのことは不空訳『大方広仏華厳経入法界品頓証毘盧遮那法身字輪瑜伽儀軌』などによって確認されるし、この儀軌には真実の世界、悟りの世界を象徴する四十二の梵字への瑜伽観法によって、「応《まさ》に自心を観察し、心は本より不生にして自性成就」せることを覚《さと》り、「自心と諸《もろもろ》の衆生心と及び諸の仏心とは、本より異有ることなく、平等一相にして大菩提心を成ず」と明示されている。それは心自体は本来、虚空のように無限なる拡がりと清明を本質とするもので、すべての存在に遍在しているからとするのである。

ここではまた、不空訳と言われる『発菩提心論』を引いて「自証の三摩地の法は諸教の中に闕《けっ》して書せず」と言う。「三摩地の法」とはまさしく「三心平等を如実に覚知する法」と言い変えてもよい。『菩提心論』ではまた、「惟《ただ》し真言法の中にのみ即身成仏するが故に、是れ三摩地の法を説く」とも言われている。かくて、「勧縁疏」の末尾では、「此の法門に結縁して（秘蔵の法文を）書写し読誦し、説の如く修行し、理の如く思惟せば、則ち三僧祇《さんそうぎ》を経ずして、父母所生の身に十地の位を超越し、速やかに心仏に証入せん」と明記する。つまり密教の根本的立場として「六道四生は皆な是れ父母なり。蠉飛蠕動《けんぴじゅどう》にして仏性あらざるなし」と結論づけるのである。あるとしあらゆるもの、生きとし生けるものは、すべてが父であり母であり、飛ぶ小虫も蠢《うごめ》く虫けらとても、何一つとして仏の心を具《そな》えていないものはないと云うわけ。三心平等の理想を、空海はこのように平易に表現しているのである。

第七章　秘蔵の奥旨――意味の深みへ

第一節　顕教と密教の対弁

「勧縁疏」による密蔵の宣揚が南都諸宗から多くの質疑を惹起せしめたことは想像に難《かた》くない。なかんづく顕密二教の相違弁別にかかわる疑難に応答せる撰述が『弁顕密二教論』二巻であった。この「勧縁疏」で「随他語の方便」の教え、すなわち人びとの素質能力に応じて、人びとが日常使用している言葉で説示された顕教と、「本有《ほんぬ》の三密《さんみつ》を以て教えとして、具《つぶさ》に自証《じしょう》の理を説く如義語、真実なる教説」、更に言えば、人びとが本来的に備《そな》えている「三密」すなわち身、語、意にわたる根源的な秘奥なる働きを、そのままに深密なる実義を示すものとみる密教の内実について、多くの質疑が寄せられたのだ。単に質疑のみならず、時には鋭い反論も見られたかもしれない。そのために撰述を余儀なくされたのが、『弁顕密二教論《べんけんみつにきょうろん》』二巻であった。おそらく「勧縁疏」とそれ程の時間的経過を経ない時期での撰述と思われる。

帰国直後の『請来目録』にあっては、顕密二教の違いを、成仏について論「談」するか、それとも我が身に成仏を確実に「期」するかの相異としていた。「勧縁疏」ではその異なりを、果分不可説か果分可説かにかかわると見ている。そして密教の特質として「三心平等」の自覚、つまりは「父母所生の身に速疾に仏の悟りの心境へと到り着くこと」の自覚とした。

しかも留意すべきは、この「勧縁疏」において、顕教を説き伝えてきた聖者とて、決して密教を知らずして顕教を伝えたのではなくて、密教を十二分に承知しながらも、人びとの機根に応じて顕教の領域のみを伝えてきたと述べている点である。顕教を伝えてきた巨匠との間を隔離する壁を設けてはいないのだ。まさしく「法海は一味なり」の大前提は、空海にとっては生涯変わることなき宗教観であったのである。

かくて『弁顕密二教論』の主要なる趣旨は、顕教が「応病与薬」の方便としての応化身の教説であるに対して、密教はそれとは次元を異にする「法身説法」そのものとする。人びとが生涯の老病死などの苦的在りようの解決として説示されたのが顕教であり、「因分可説」の領域にとどまる教えである。

それに対して、あらゆる苦悩を超脱した仏の悟りの境地こそ、実には本源的な在りようなのだと説き示すのが密教の本分と主張する。その理由、根拠を詳しく説示するのが此の『二教論』なのだが、今一つ、すべての「万法は皆な悉く言文なり」との立場を密教の核心とする点にも留意すべきである。

それはまさしく「存在はコトバである」と云うことであり、「法身説法」と同義である。法身が説法するのは、法身がそのままに説法であることによって、はじめて可能となるからである（井筒俊彦『意味の深みへ』、『意識と本質』ともに岩波書店）。この思想的根拠は後に言及する空海の主著『声字実相義』などで明示されることになる。

また『二教論』では、龍猛作と言われる『菩提心論』の一文、「真言法の中に於てのみ即身成仏するが故に、是れ三摩地《さんまじ》の法を説く。諸教の中に於ては闕《けつ》して書せず」を援引して、「即身成仏」の典拠を「自性法身《じしょうほっしん》が説く所の秘密真言の三摩地門《さんまじもん》」として、この事実が「謂わゆる金剛頂十万偈の経」に説くところとする。この「十万偈の経」と云うのは「勧縁疏」においては、すでに見たように法身説法そのものとされていた。

今一つ、『二教論』巻下の冒頭の陳述に留意したい。そこでは空海が唐都長安で最初に師事したインド僧の般若三蔵が漢訳した『大乗理趣六波羅蜜経《だいじょうりしゅろくはらみつきょう》』を援引して、「五味五蔵《ごみごぞう》」の説を出している。五味とは牛乳の精製を五段階に分けて、「牛乳、酪、生蘇、熟蘇及び醍醐《だいご》」とする。この五味にそれぞれ「素怛覧《すたらん》（sūtra 経）、毘奈耶《びなや》（vinaya 律）、阿毘達磨《あびだつま》（abhidharma 対法、論）、般若波羅蜜多（Prajñā-pāramitā 大乗般若）、陀羅尼《だらに》（dhāraṇī 総持門）を配当して、これらの契経の中にあって、「総持門《そうじもん》は最も第一たり、能く重罪を除き、諸の衆生をして生死を解脱し速やかに涅槃安楽の法身《ほっしん》を証せしむ」と断言する。

しかし見落してならないのは、これら五味に比せられる五蔵の教説はすべて本来的には一味であり、根源を同一としている点である。これらの間に壁はないのだ。ただ牛乳の最上の精製である「醍醐」味の陀羅尼の法門こそ「一切如来の秘奥の教えにして自覚聖智修証の法門」と不空三蔵も強調している（『分別聖位経』序）。

空海は弘仁五年（八一四）閏七月八日に嵯峨天皇に献上して進講した自著の『梵字悉曇字母《ぼんじしったんじも》並びに釈義』のなかで、一般的には梵天《ぼんてん》の所作とされる梵語を『大毘盧遮那経』に依拠して「此れは是の文字は自然道理《じねんどうり》の所作なり」とする。謂わば存在の根源としてのコトバと言うのである。かくて「陀羅尼とは梵語なり。唐に翻じて総持《そうじ》と云う」として、「言うこころは一字の中に無量の教文を総摂し、一法の中に一切法を任持し、一蔵の中に一切義を摂持し、一声の中に無量の功徳を摂蔵す。故に無尽蔵と名づく」と説く。

つまり密教の法門には一切の法門が総摂任持されていることになるのだ。真言密教とは単なる一セクトではないということ。その有機的統一態としての在りようを示したのが、後に触れることになる『秘密曼荼羅十住心論』十巻であり、『般若心経秘鍵』一巻である。今、問題としている『二教論』巻下で、さきの五蔵をすべて「一味和合」とする所以もまた、そこにある。

ちなみに、鎌倉期の法然（一一三三―一二一二）は自著『選択本願念仏集《せんじゃくほんがんねんぶつしゅう》』のなかで、「弘法大師の二教論に六波羅蜜経を引いて云く」として、実に長々と『二教論』巻下の「五味五蔵」に関する説示の文を援引して、その末尾で「この中、五無間罪《ごむけんざい》はこれ五逆罪なり。即ち醍醐の妙薬にあらずば、五無間の病、甚だ療し難しとす。念仏もまた然《しか》なり。往生の教の中に、念仏三昧はこれ総持《そうじ》の如く、また醍醐の如し。もし念仏三昧の醍醐の薬にあらずは五逆深重《ごぎゃくじんじゅう》の病は甚だ治《ち》し難しとす。まさに知るべし」（『選択本願念仏集』岩波文庫）。まさしく「念仏と陀羅尼」との一味和合を如実に示すものと言えよう。

話題はとんでもないところへ逸《そ》れるけれども、かつて或る乳製品会社で新しい飲料製品が開発され、その乳製品の命名を、当時、日本における仏教学研究の第一人者であった渡辺海旭博士に依頼した。渡辺博士は乳製品の最上である「醍醐」の原語「サルピス」（sarpis）を提示した。しかし売れゆきは必ずしも芳くはなかったと云う。「サルピス」の「サル」が猿を連想せしめたからである。再度相談をうけた渡辺博士は、サルピスの「サ」を音便変化させて「カ」とし、商品名を「カルピス」としたと云う伝承を、私は若き日に耳にしたことがある。高楠順次郎博士とともに『大正新脩大蔵経』百巻の編纂を統監された渡辺海旭博士が、法然を開祖とする宗派の学僧であったことも附言しておこう。

話題をもとに戻そう。「此の法門」すなわち真言密教に結縁して、「説の如く修行し、理の如く思惟せば、則ち三僧祇《さんそうぎ》を経ずして父母所生の身に十地を超越し、速やかに心仏に証入せん」と云うのが「勧縁疏」で示された秘蔵の法門の帰結であった。その根拠は「三心平等」の存在観にあり、その在りようが不空訳とされる『菩提心論』では「即身成仏」と表現されていた。

この文字の表相的な意味をたどれば、「身に即して」、つまりは父母所生の此の身このままで「仏と成っている」と云うこと。一般的には、つまり顕教の立場から言えば、三僧祇と云うほとんど無限に近い修行をつづけて菩薩の境地である第一段階の初地から、順次、悟りの内容を高かめて第十地の菩薩の最高の悟りの境地へと達し、更に菩薩の修行をつづけて、ようやくに仏の覚りの境界へと到ると云うことである。

釈尊自身が単に現世における出家修行のみならず、幾つもの前生で生死を繰り返して久修練《くしゅれん》行《ぎょう》を重さねた上での成道なのであり、成仏であったとする伝統的な見解に比するとき、密教の見解はたしかに「常習に異なったもの」ではある。しかし常習に異なるとは云え、すでに顕教の『華厳経』入法界品に説示されている「三心平等」の理《ことわり》を、実には此の宇宙の存在そのもののの絶対的根源である「浄妙なる法身」つまりは大毘盧遮那如来の在りようと見るのであり、この存在世界はその浄妙法身の「常恒に演説する所」、つまりは「存在は真実者のコトバ」あるいは「存在は真実在たるコトバ」そのものと言うのである。
後に空海は「存在とコトバ」論に言及する『声字実相義』では、「名の根本は法身を根源と為す」と明言し、真実語を「梵には曼荼羅（maṇḍala）と云う」とする。同じことは空海の晩年の撰述『十住心論』の巻十でも、「真言とは具《つぶさ》には梵語に拠らば曼荼羅と名づく」とも述べている。まさしく「真実なる存在は真実なるコトバ」であると云うことであり、これが空海思想の根本テーゼなのである。

この常習に異なる存在論に対して、当然ながら多くの質疑が寄せられることになる。それに応答したのが『即身成仏義』であり、『声字実相義』でもあったのだ。しかし、これら両書は、ともに原初的な形では伝わっていないと私には思える。なかでも『即身成仏義』は現在、異本が六種も存在していて、文献学的にはなお多くの問題を含んでいる。その一例として、冒頭の文章文体は、当時わが国における文筆の第一人者と称賛された空海の他の撰述と比して、極めて異例である。しかしここでは文献学的言及は差し控えて、「即身」と「成仏」にかかわる空海の見解を概観するにとどめよう。

『即身成仏義』は次に掲げる空海の形而上学的思想詩の二頌八句と、その二頌八句に対する空海自身の注解の書と云うことができる。この二頌八句は、一説に空海の師主恵果の作とみるむきもあるが、事実ではない。この偈頌は空海自身が第一級の文学者であり、哲学者であり、そして類い稀れなる宗教者であったことを、如実に示す体《てい》のものであるからである。

六大無碍常瑜伽、四種曼荼各不離、三密加持速疾顕、重重帝網名即身
法然具足薩般若、心数心王過刹塵、各具五智無際智、円鏡力故実覚智

「じつに深い洞察と、限りない英知の結晶のような詩であり、形而上的な思想詩として、無類の傑作」と宗教学者の岡村圭真氏は評価する。

「六大《ろくだい》は無碍《むげ》にして常に瑜伽《ゆが》なり、四種曼荼《まんだ》各々離れず、三密加持《さんみつかじ》して速疾に顕《あら》わる、重重《じゅうじゅう》帝網《たいもう》なるを即身《そくしん》と名づく。
法然《ほうねん》に薩般若《さはんにゃ》を具足して、心数心王《しんずしんのう》刹塵《せつじん》に過ぎたり、各々《おのおの》五智無際智《ごちむさいち》を具す、円鏡力《えんきょうりき》の故に実覚智なり」

「六大」云々で存在の主体を、「四種曼荼」云々で存在の様相、現象を、「三密」云々で存在の作用、働きを、「重々」云々で存在の在りようが無碍なることを示している。後半の四偈では、まさしく究極的実存、すなわち、あらゆる存在の「成仏」的在りようを示しているのだ。つまり前半の四句で「即身」と云う根源的な存在の在りようを示し、後半の四句ではその根源的存在が自然法爾《じねんほうに》に全智全能の在りようにおいてあることを明示しているのである。

さきの二頌八句につづけて、空海は自らの解釈を次のように述べる。「釈して曰く、此の二頌八句は、以《もっ》て即身成仏の四字を歎ず。即ち是の四字に無辺の義を含めり。一切の仏法は此の

一句を出でず」とする。つまり此の二頌八句は「即身成仏」の四字の深密なる奥義を示したものであり、この二頌八句のなかには仏法のすべてが余さず表現し尽され、一々の文字の秘奥なる意義は無限であると云うことになる。

つまり当時の南都六宗や北嶺の天台宗はもとより、やがてはこれらの宗より派生してくるであろう仏教のあらゆる宗派の教法の本質もまた、すべて此の二頌八句の字義のなかに包摂されていると云うわけである。

かくて「即身」とは存在世界の本質（体《たい》）と現象（相《そう》）とはたらき（用《ゆう》）との三元構造の間主観的統一態の在りようを示し、その「存在世界」が実にはそのままに（自然法爾に）全智全能（一切智）をそなえて拡がりを示し、その「存在世界」が実にはそのままに（自然法爾に）全智全かも、高台の大きな円鏡に、ありとあらゆる事物事象が反映するように、存在自体が本来的に真理の智の当体として在るからなのである。その本来的な在りようを「成仏」と表現するのである。つまり「成仏」とは自己の当体である「即身」の在りようが、実際には本来的に全智全能をそなえていることの自覚なのである。

その自己の当体は存在を構成する地・水・火・風および空の五大（元素）と、それら五大を包摂して、五大を五大たらしめている識大、すなわち純粋に本質的かつ知的原理に包括されて成り立っている。この存在の在りようを、空海は『大日経』を典拠として、次のように説明する。

「謂六大者五大及識、大日経所謂、我覚本不生、出過語言道、諸過得解脱、遠離於因縁、知空等虚空、是其義也。」

真言教学の基底となる「六大」説に対して、空海は更に「又、金剛頂経にも云く」として金剛智訳『金剛頂経瑜伽修習毘盧遮那三摩地法』からも四偈を援引して、「諸法本不生、自性離言説、清浄無垢染、因業等虚空」を挙げて、「此れもまた、大日経に同じ」としている。しかし問題は空海がここに援引する両経の、これまでの慣例的な訓読が必ずしも正鵠を射たものではないことを指摘しておかねばならない。従来の伝承的な訓読では、「謂六大者五大及識」云々は、「謂わく、六大とは五大と及び識となり」と訓み、「我れ本不生を覚り、語言の道を出過し」云々と読み習《なら》わしてきた。これでは五大の説明ではあっても六大の解釈とはなっていない。

さきにも触れたと思うが、存在の基本的元素としては古代インドや古代ギリシャでは地・水・火・風の四大元素が認められていた。これら四大が実在であるためには、これら四大の存在を存在たらしめる「空」間もまた実在でなければならない。それら五大に更に識大を加えて六大とするのが空海の存在論なのだが、その六大の定義を述べる文章を、旧来は、さきに示したように訓読していた。とりわけ「我れ本不生を覚り」云々と訓ずれば、それは五大の説明であって六大の内実を表現することにはならない。私自身は次のように訓読する。

「謂わく、六大とは五大と及び識（大）となり。『大日経』に謂わく、『我れ、（諸法は）本より不生にして、語言にて道《い》うこと（の領域）を出過（出離）し、諸過（妄想分別すること）をも解《げ》脱《だつ》し、因縁を遠離《おんり》し、（その自性は）空《くう》なること、あたかも虚空《こくう》に等しということ』を覚れり。是れが其の（六大無碍にして常に瑜伽なり云々の）意味するところである。」

つまり「六大者五大及識」の「及」は単なるプラス（加）を意味する接続語としてばかりではなくて、「逮」「至」をも含意せしめていて、識大が五大のすべてに及び、かつ包摂した在りようが、存在の実相であり、「因位としての識」は「果位には智」と謂い、「智は即ち覚」なるがゆえに、存在そのものの本来の在りよう（即身）はまさしく「覚智」すなわち「成仏」のそれなのであって、まさに「即身成仏」という存在の在りようが、如実に、しかも明確に示されていることになる。

ちなみに空海が今一つの典拠として援引する「又金剛頂経云、諸法本不生、自性離言説、清浄無垢染、因業等虚空」の訓読も、従来は四偈として「諸法は、本より不生なり、自性は言説を離れたり、清浄にして垢染なし、因業なり、虚空に等し」となっているが、正しくない。これら四句の主語はすべて「諸法」であるのだが、この訓読では「諸法は因業なり」となり、さきの『大日経』の「諸法は因縁を遠離せり」とは正反対の意味となる。

つまりこの『金剛頂経』からの引用文は「諸法は本より不生にして、（その諸法の）自性は言説を離れ、（しかも）清浄にして垢染も、因業も無くして、虚空に等し」と読むのが正しい。

文字どうりには五大の概念を述べながらも、その五大の真実義が「仏菩提」すなわち「仏の悟りの境地そのもの」を表現し、その境地こそが自然道理《じねんどうり》の所作であることを示しているのである。

その存在の実相を示して「四種曼荼各々離れず」とし、存在のはたらきを「三密加持して速疾に顕わる」と説く。四種曼荼羅とは「大《だい》・三《さん》・法《ほう》・羯《かつ》」の四種の曼荼羅を指すのだが、真実の存在すなわち仏の世界を仏・菩薩・明王・諸天などの相好として彩画して示されるのが「大《だい》曼荼羅《まんだら》」、これら仏菩薩などの一々の尊が所持する幖幟としての刀剣や輪宝、蓮華などで画かれるのが「三昧耶《さんまや》曼荼羅」、そして各々の尊格を表示する梵字の種子真言《しゅじしんごん》の配置で真実の世界の様相を知らしめるのが「法曼荼羅」である。拡大解釈すれば、あらゆる経典もまた広義的には「法曼荼羅」と言えないこともない。経典の一々の文字の深秘なる奥義に真実の世界、仏の世界が凝縮されているからである。第四の「羯磨《かつま》曼荼羅」とは諸仏菩薩などの種々様々な威儀《いぎ》、あるいは深秘なる妙用《みょうゆう》すなわち「はたらき」、さらに言えば真実在の創造的エネルギーの形象を表わす。

これら「真実在」「絶対存在」（仏の世界）の顕われとしての様相が「四種曼荼羅」として示

されるのだが、実には縦横無尽に即一に融合しあって、決してそれぞれが別異のものではないのである。この真実世界の在りようを、思想文化の融合的体系として明示したのが、後述する『秘密曼荼羅十住心論』十巻である。

「三密《さんみつ》加持《かじ》」と言うのも聞き馴れない術語であろう。三密とは身・語・意の三種の働き、作用を意味しているのだが、日常的なこれらの行為を「三業《さんごう》」と表現するのに対して、本源的な働きを「三密」と言う。存在の根源である法身《ほっしん》のすべての働き、万有創造のエネルギーとしての働き、更に言えば真実在が自然本有《じねんほんぬ》に発揮する働き《エネルギー》を「三密」と言う。この真実在に本来そなわっている三種の働きと、われわれのそれらの働きとが感応道交したとき、真実の世界、仏の世界は立ち所に現出すると言うのである。

「加持《かじ》」とは如来の大悲と衆生の信心との感応道交を表わす。「仏日の影が衆生の心水に現ずるを加と曰《い》い、行者の心水が能《よ》く仏日を感ずるを持と名づく」と空海は譬喩によって説明する。かくて、真実の世界、仏の境地を自己に速疾に実現しうる実践方法として、「手に印契《いんげい》を作し、口に真言《しんごん》を誦じ、心が三摩地《さんまじ》に住すれば、三密相応して加持するが故に、早く大悉地《だいしつじ》を得」と説く。

このような真実在の在りようを示して「重重帝網《じゅうじゅうたいもう》」すなわち帝釈天《たいしゃくてん》の網に散りばめられた無数の珠玉の一つ一つに、すべての存在がそれぞれに映《うつ》りあって尽きることがないように、すべての存在を包括する原存在、それが「即身」と言うこと。『即身成仏義』なる撰述が、「三心平等の自覚」(「勧縁疏」)にかかわる実義を論説しながらも、単なる「論談」の域を超えて、まさしく「現身に速疾に本有《ほんぬ》の三身」つまりは本来的な真実の在り方において在るべきようを、「期《ご》」するものとなっていることに留意すべきであろう。この「期」とは、まさしくイノベーションを意味しているとも言えるだろう。つまり、「顕教」の域を超えた「密教」の撰述たり得ているのである。

第二節　存在とことば

仏陀の悟りとは、どのような心の境位なのか。一般に真理と呼ばれる内実は、いかなる境地を指しているのか。仏教ではその真理にも世間的な真実性(俗諦)と出世間的な絶対真理(真諦)の二種のまことを立ててきた。更に言えば、「ことば」すなわち文字や言語で表現できる一般的な通例の真実性と、言語や文字、概念の領域を遙かに超えた絶対真理とである。

この両者の関連について、すでに紹介したように、空海は「法(絶対的究極の真理)は本《もと》より言《こと》なけれども、言に非《あら》ざれば顕《あら》われず」云々と述べていた。真実の世界、真理そのものは言語による思慮分別の領域を遥かに超えているけれども、しかし言語あるいは言語による思慮によって、はじめて真如の法に対面しうることになる。「真如」へと到る道をさまざまに「談」じ「論」ずることも、広義のことばによって始めて可能となる。しかしその談論の領域は飽くまでも「顕教」のそれであって、「密教」の真諦ではない。

ただ文字の表層的意味を読み解いてみても、実存の深層領域である真理の奥義に到りつくことはないと、空海は言う。「一乗の理は奥ぶかくして、義は文に乖《そむ》けり」とさえ述べている(『請来目録』)。若き頃から、当代の超一流の文人と称賛され、文字の人とも思える空海のことばだけに、極めて意味深長である。「一々の句、一々の字に悉く無辺の義理が含まれている」(『実相般若経答釈』)とも述べている。唐都長安で密教の法門を受け学んだ空海は、つとに自らの留学成果の報告のなかで「密蔵は深玄にして翰墨《かんぼく》に載し難し」とし、その極意は「図画《とかく》」すなわち曼荼羅《まんだら》によって、まさしく「悟らざるに開示」されると記している。

曼荼羅で示される仏菩薩等の「種々の威儀《いぎ》、種々の印契《いんげい》は大悲より出でし」ものなるがゆえに、これらの図像の容態や掌の形すなわち手印《しゅいん》は、すべて仏の大悲の表出にほかならぬから、これを一瞥《いちべつ》するだけで、人びとは仏の悟りの境地へと導かれると言うのである。謂わゆる曼荼羅壇場での瑜伽《ゆが》観法《かんぼう》への言及であるが、「瑜伽」とは梵語のヨーガ(yoga)の音写語で、法身《ほっしん》つまりは存在の絶対的根源との一体化を意味している。

声字つまり、ことばの真髄を「真言《しんごん》」(mantra)と云うのだが、空海がこの「真言」を「梵語にては曼荼羅《まんだら》（maṇḍala）と言う」と述べるのは、「コトバ」（声字）はまさしくそのままに「存在」であり、「真実在」であることを直截簡明に示唆せるものである（『声字実相義』『十住心論』巻十）。これを空海が梵語のマントラをマンダラと混同していると見做すことなど笑止千万であり、論外である。

実は「真言《マンダラ》を梵語にては曼荼羅《マンダラ》と言う」ところにこそ、「声字実相」の一大テーゼが秘められているのである。空海の撰述の『声字実相義』の冒頭には、「一に叙意、二に釈名体義、三に問答」と目次が挙げられている。しかし現存のテクストでは、「二、釈名体義」のうち、最初の「色《しき》」の声の説明で終っていて、その後の叙述はすべて散佚して伝わっていない。そのためと云うわけではないが、ここでは『声字実相義』とか『吽字義《うんじぎ》』にみられる空海の「ことば論」、更に云えば、真言《しんごん》の意義について概説するにとどめておかざるを得ない。

『声字実相義』では、「コトバの深秘」について次のような五字四句で明示されている。

五大皆有響、十界具言語、六塵悉文字、法身是実相。

この四句の偈をいつの頃からか、「五大は皆な響き有り、十界に言語《ごんご》を具す、六塵は悉く文字なり、法身は是れ実相なり」と訓じてきた。しかしこれらの四句に見られる「皆」「具」「悉」「是」の四字は、いずれも副詞的限定語としての用法であって、「具」の一字のみを動詞として読むことは正しくない。つまり此の五字四句は、「五大は皆な響き有るもの、十界は具《つぶさ》には言語なり、六塵は悉く文字にして、法身は是れ実相なり」と訓ずるのがよいと、私は思っている。

ちなみに、すでに見たように、空海が自らの四十歳の初算賀にあたって詠じた「中寿感興詩并びに序」に見られる「三昧法仏本具我心、二諦真俗倶是常住、禽獣卉木皆是法音、安楽観史本来胸中」の八字四句はまさしく真言の教学の本旨を余すところなく詠嘆したものであって、当時の仏教界からの注目を集めた一文であったのだが、この四句にあっても、「本具」「倶是」「皆是」「本来」の二字は、いずれも副詞的限定の強調語としての使用なのである。

だから、この場合の第一句もまた「三昧の法仏は本《もと》より具《つぶさ》には我が心なり」と訓じ、第三句もまた「禽獣卉木は皆な是れ法音なり」と読むべきである。とりわけ、鳥の囀《さえず》りや草木の葉ずれの音、つまりは自然界の音声はすべて「法音」すなわち「法身のこえであり、ことば」であると言うのは、まさしく「声字実相」を詠じている一句なのである。これを「法身説法」とも言うのだ。

「五大は皆な響き有るもの、十界は具《つぶさ》には言語なり」云々は、まさしく「存在はコトバ」というこの宇宙世界の深秘なる在りようを端的直截に説示している。地、水、火、風、空の五種の存在要素は、すべてそれぞれ独自の響き（バイブレーション）あるもの。これら響きある声そのものでもある五大が、実には存在の絶対的根源である法身大日如来の「コトバ」なのであって、仏の世界から、どん底の地獄の世界に到る十界、つまりはありとしあらゆる存在世界は、具《つぶさ》には「コトバ」そのものなのである。

色、声《しょう》、香《こう》、味《み》、触《そく》、法《ほう》のあらゆる認識や思考の対象、つまり全存在は悉く「文字」であり、「ことば」であって、謂わば存在の絶対的根源はコトバであることを表示するのが、「声字実相」と云うことなのであり、「法身説法」の深秘なる実義と言うことである。

『声字実相義』では、さきの四句について詳しく論説しつづけるのだが、さきにも触れたように、この宇宙の森羅万象はすべて「声字」すなわち「ことば」なのであり「文字」であって、これらはすべて「法身」を根源とするのである。そのことに触れて『声字実相義』では次のように述べる。

「名の根本は法身を根源と為す。彼（法身）より流出して、稍く転じて世流布《せるふ》の言と為《な》るまくのみ」とあるのが、それである。この文につづけて「若《も》し実義を知るをば真言《しんごん》と名づけ、根源を知らざるをば妄語《もうご》と名づく。妄語は則ち長夜に苦を受け、真言は則ち苦を抜き楽を与う」とも附言する。この場合の「名」とか「言」は単なる名称、言語を指すのみならず、その「名」「言」を本質本体とする「存在」自体をも含意しているのである。

つまり、あらゆる「ことば」が、法身（大日如来）を根源とすると云うことは、われわれが日常使用している言語も文字も、たとえ次元を異にしているとは云え、その原初に溯ってみれば法身大日如来のことばに外《ほか》ならないことになる。通常おこなわれる「説法」とか「布教」が成り立ち得る根拠は、この声字実相にあるのである。

つまりは「法身説法」と云うことである。法身が説法しうるのは、法身が説法であることによって、はじめて可能となるのだ。更に言えば「法　身《ダルマカーヤ》」(dharma-kāya) とは「存在の基体」であり、存在の絶対的根源を指す。その「法身」が「説法」すなわち「在りよう」を「語る」と云うことは、「存在がコトバである」ことによって、はじめて可能となる。

この事実を空海は長い「遊山慕仙詩」の一節で、次のように詠じている。

「遮那《しゃな》は中央に坐《いま》す、遮那は阿誰《たれ》が号《な》ぞ、本《もと》是れ我が心王なり、三密刹土《せつど》に遍じ、虚空に道場を厳《かざ》る、山毫溟墨《さんごうめいぼく》を点ず、乾坤《けんこん》は経籍の箱なり、万象一点に含み、六塵縑緗《けんしょう》に閲《す》ぶ」云々とあるのが、それである（『性霊集』巻一）。

「遮那」とは毘盧《びる》遮那（Vairocana）の略語で法身大日如来を指す。存在とコトバの根源である法身は私自身の心の根源でもあり、その身語意にわたる働き自体が一切の存在に遍《あま》ねく及んでいるのだ。この存在世界は法身がヒマラヤを筆として書き込んだ空間であり、天地宇宙は文字がびっしりと書き込まれた空間なのである。

あらゆる事物事象は、すべて存在の絶対的根源たる法身の原初の「コトバ」である「阿《あ》」字に包みこまれてしまう。つまり此の宇宙世界は文字がびっしりと書き込まれた典籍なのである、と云った意味になろうか。まさしく「声字実相」の実存を詠じたものと言えるだろう。
　江戸時代の頃に、空海の作と伝えられ詠じられた和歌に、「阿字の子が、阿字の古里《ふるさと》立ちいでて、またたちかへる阿字の古里」というのがある。現在でも御詠歌として唱えられているが、まさしく「乾坤は経籍の箱なり、万象一点に含む」の声字実相を、ものの見事に詠じた和歌と言えるだろう。

　ちなみに近代のフランスの哲学者ジャック・デリダは「エクリチュール論」を主唱して、宇宙の存在を文字の「書き込み《エクリチュール》」の空間とし、「ことば」が「存在のテクスト」を織りつづけると見るのである。J・デリダの「エクリチュール論」の内実を詳しくは言及し得ないとは云え、「エクリチュール論」と云う表現自体、空海の「乾坤は経籍の箱」「六塵縑緗に閲ぶ」と見事に相応していることに驚かされる。

　空海は『声字実相義』の「叙意」の冒頭で、「夫れ如来の説法は必ず文字に藉《よ》る。文字の所在は六塵其の体《たい》なり。六塵の本は法仏の三密、即ち是れなり。平等の三密は法界に遍じて常恒《じょうごう》なり。五智四身は十界に具して欠くることなし」云々と述べて、「声字実相」の原意を簡潔に明示している。

　この場合の「文字」は「ことば」を意味しているのだが、同じような表現は三世紀末に西晋の無羅叉《むらしゃ》が漢訳した『放光般若経』のなかに、「如来の説法は文字を離れず、説法もまた、文字を離れず」と見えているし、四世紀から五世紀にかけて存在した羅什《らじゅう》の『維摩詰所説経《ゆいまきつしょせつきょう》』にも、「言説、文字は皆な解脱の相なり」とされ、また「一切諸法（全存在）は是れ解脱の相なり」といった注目すべき表現も認められる。

こうした所説を受けて、一行《いちぎょう》禅師の『大日経疏』巻七でもまた、「維摩詰は文字を離れずして解脱の相を説くが故に、不思議解脱と名づくるが如し」云々と注している。如来の説法にかかわっての「存在とコトバ」の深秘学は、古くから共通の大きな研究テーマであったことがわかる。

空海の「叙意」の文章はまさしく自身の「存在とコトバ」の深秘学を端的に説明したものであるが、「如来が法すなわち悟りの境地とも言うべき存在の実相を説くときには、必ず「ことば」に依拠される。その「ことば」、様々な色彩の文《あや》は音声の高下屈曲による文《あや》、味覚の文《あや》などの色（見るもの）、声（聞くもの）、香（薫《かお》るもの）、味（味わうもの）、触（触れるもの）、法（思考するもの）の六種の対象が、その主体である。人びとの心を染着し執着せしめる、これら六種の対象の本質は、存在の本源である（法身の）神秘的な三種のはたらきにほかならぬ。

あらゆる事物事象は存在の本体本源である如来の三種のはたらきないしは存在エネルギーの自己顕現であるから、すべては完全に平等であり、あらゆる存在はその実在性と恒常性とが保証されていることになる。だから存在世界の本源を知る智慧、大きな鏡のように、すべての存在をありのままに映し出す五種の仏の智慧も、様々に身を変えて現われた四種の仏も、ともに迷悟の在りようにおいて在る十種の世界に遍在することになる、と云った意味になろうか。

『即身成仏義』と『声字実相義』のほかに、空海には同じく「ことば論」としての『吽字義《うんじぎ》』一巻があって、これらの著述は空海の真言教学を知るための三部書と言われるようになっている。前二書と異なって『吽字義』には題簽の下に撰者名として「遍照金剛撰」とあって、師主恵果から授与された灌頂名《かんじょうめい》を記している。空海はやゝ晩年に近づく頃あいから、撰述にこの灌頂名を用いるようになるのだが、この『吽字義』は前二書と異なって、ほぼ完全な形で伝承されてきたものと思われる。

すでに述べたように、空海は弘仁五年（八一四）閏七月に嵯峨天皇に「王右軍の蘭亭碑一巻」などと共に献上した自著の『梵字悉曇字母并びに釈義』一巻で、インドの文字である「悉《しっ》曇《たん》の妙章、梵書《ぼんしょ》の字母」が梵天の製するものではなくて、「自然道理《じねんどうり》の所作」とし、その梵字の字相だけでなく、その一々の文字の世間的表相的意味の奥底に秘められている「実義」を解《さと》るとき、それは出世間の「陀羅尼《だらに》の文字」であると説いている。陀羅尼（dhāraṇī）とは「総《そう》持《じ》」と訳されるが、一字のなかに無量の教文、一切の義、無量の功徳《くどく》を有することを意味している。空海が数多くの梵字梵語の儀軌《ぎき》、讃、真言、陀羅尼の原本を請来したのも、そのためであったのだ。

すでに我々は、空海が「存在はコトバ」(法身説法)の世界観に立脚していることを見てきた。『声字実相義』では「如来の説法は必ず文字に藉《よ》る」とあった。そしてその文字は「六塵」すなわち「存在」の主体とされていたことを想起すべきである。そして、その自然道理《じねんどうり》の本源的文字は当然ながら「存在の実相」を表わし、人びとを本来の在りようへと導くことになる。『即身成仏義』で存在の本質として六大が示され、その六大を象徴する「ことば」「文字」として梵字の種子真言《しゅじしんごん》、ア(a)、ヴァ(va)、ラ(ra)、ハ(ha)、クハ(kha)、フーム(hūṃ)が出されていた。今、悉曇文字で印刷できないから、便宜上ローマ字で示したのだが、悉曇の梵字こそが自然道理の所造であり、如来もこの文字《ことば》によって真理を説法したのである。

『梵字悉曇字母并びに釈義』では梵字悉曇五十字の深秘釈を説示しているのだが、なかんづく五十字の基底をなす「ア」字について、表層的意味として「無」「不」「非」を挙げながらも、「阿字は是れ一切法教の本なり。凡《およ》そ最初に口を開く音には皆な阿《ア》の声あり。若し阿の声を離れぬれば、則ち一切の言説《ごんぜつ》なし。故に衆声の母と為す。また衆字の根本と為す。また一切諸法本不生(あらゆる存在は本来的に不生、つまりは在るがままに在るもの)の義なり。内外の諸教は皆な此の字より出生するなり」と記している。すべての存在はコトバであり、そのコトバは阿字を根源とすると云うわけである。ちなみにインド・アリアン系の言語のアルファベットは、すべて「ア」(a)を最初の音字とする。日本語の「あいうえお」の五十字音も同然である。

「六大無碍にして常に瑜伽」の「存在」のありようを、空海は『大日経』にもとづいて「ア・ビ・ラ・ウーム・カン・フーム（a-vi-ra-hūṃ-khaṃ hūṃ）の種子真言《しゅじしんごん》で表示した。この五種の種字は、すでに述べたように存在世界を構成する五大元素（地水火風空）を表示し、これら五大元素を等しく包摂する識大の種子真言を「吽《うん》」（hūṃ）とするのである。「識《しき》」とは通常の在り方における因位の在りようの呼称であって、悟りの本来的な在り方は「覚《かく》」であり、「菩提《ぼだい》」と言われる。この本来的な在りようを、空海は『吽字義』において詳しく説示する。すなわち、この「吽」（hūṃ）字は字相としては「賀」（あるいは訶）（h）、「阿」（a）、「汚」（ū）および「麼」（m）の四字の合成であり、それぞれの文字の奥底には極めて深密な実義が含まれていることを詳しく論ずるのである。

これら「吽」字の、四字からなる、それぞれの字義はすでに不空三蔵訳の謂わゆる『般若理趣釈経』で説示されているのだが、これら四字の表裏の読み解きによって、「諸法の実相」つまりは真実在の在りようを如実に体得できるとする。これら四字の表面的な象徴的意味を示す字相と、それぞれの文字の奥底に秘められる実義のなかには、一切の顕密二教の奥旨が余すところなく示されていると説くのが『吽字義』なのである。

あらゆる存在は因縁所生と言われるけれども、これらの因と縁、つまり存在の原因と条件をとことんつきつめてゆけば、因には更に別の因が予想され、縁にはまた他の縁があることになって無限の遡及《さっきゅう》に陥ってしまう。かくて事物が存在するための原因としては、依るべき固定的原因も条件も、何一つ存在しないことになる。つまりは「諸法本不生」こそ、存在世界の本来的な在り方なのだと云うことになる。この在りようを象徴するのが「阿（a）字本不生」と云うこと。存在の根源は阿字であり、その阿字はすなわち法身、すなわち存在の絶対的根源の「コトバ」なのである。

他方、この「阿」（a）字は通常は否定辞（non）を表わすこともあり、「一切皆空」を象徴する文字とも解されるのだが、それは飽くまでも表層的皮相的な浅略趣にすぎない。この「阿」字に存在の「本初」（ādi）、有無を超絶した絶対的な在りようを示す「不生」（anutpāda）を読み取ることで、「阿字本不生」の存在の深秘を体得できることになる。

日常の経験で、あらゆる事物事象はいつかは損滅し消滅してゆくことを、われわれは知っている。「汗」（ū）とは梵語の「損減」（ūna）の意味を示し、「諸行無常」を表示しているが、ありとしあらゆる事物事象を内包する大宇宙そのものは、損減することはないし、清らかでもある。すでに見たように、空海は自らの初算賀の「五八詩」の一句に「浮雲は何《いず》れの処よりか出づる、本《もと》是れ浄虚空なり」と詠じていた。あたかもそのように「一心法界《いっしんほうかい》」すなわち存在の基体である真如《しんにょ》の心、つまり究極的な絶対的存在は損減することも増大することもなく、すべては本来在るがままに実存なのである。

「麼」（ma）字の内容を、空海は「一切諸法、吾我不可得」の境地の象徴とみる。「麼」字を「怛麼《たんま》」（ātman）すなわち「自我」の象徴文字とみているのだ。つまりは自我の主体性（人我）と存在、事物の主体性（法我）を言う。仏教では古くから、「諸行無常」「諸法無我」が唱えられてきた。その教示は偏えに煩悩のもといとなる自我への執着と事物への妄執を離れることを教えるものであった。

自我を表示する「麼字」への観想から、空海は「一切諸法、吾我不可得」の境地へと達しうると説く。私自身の存在を含めた在りとしあらゆる存在事物の実相は言語や思惟の領域をはるかに超えているけれども、表層的な事物事象に実体はない（無我）のだが、それらの事物事象をそれたらしめている根源的存在（法身）はまさしく実有であり実存である。それを「大我」すなわち絶対的主体と呼ぶのである（『大日経疏』第五）。

このように「コトバの深秘学」を講説するのが、『声字実相義』であり、『吽字義』なのである。これらの撰書が空海の真言教学にとって、いかに重要であったかは、これら両書に対する著名な学僧らによる注釈が平安末以来、多数存在することからも類推されよう。ただこれら著名な注釈とても、空海の説示をどれ程、正しく忠実に伝え講じているかはわからない。

第八章　高野の開創と中務省への出仕――幽藪窮巌に入定す

第一節　山中に何の楽しみかある

文人天皇の嵯峨帝との親密な交わりも無視し得ないだろうが、弘仁七年（八一六）六月十九日に、空海は朝廷に対して、修禅の道場として、紀伊国の高野《たかの》の峰の下賜を申請している。留学から帰国して入京を許された空海を高雄山寺へと誘《いざ》なったのは、叡山の最澄であった。ここで最澄はしばしば、天台の講会《こうえ》を開いていたし、ここには最澄が止住するための住房、北院《ほくいん》も存在していた。

弘仁六年季春以来、空海は弟子の僧等を東国地方に遣《つか》わして密蔵の法文の宣揚を行なうのだが、この地方は、最澄ときわめて親縁な関係をもち、東国の化主《けしゅ》とも尊称されていた道忠《どうちゅう》の本拠地でもあったのである。その道忠は鑑真《がんじん》の、わが国での第一弟子とも称されたが、彼は鑑真が伝えた四分律《しぶんりつ》による具足戒よりも、むしろ鑑真とともに来朝した弟子法進《はっしん》が行なった天台の講説に多大の関心を寄せていたのだ。

鑑真は、わが国では東大寺の戒壇院《かいだんいん》での具足戒の制を確立した高僧として有名であるが、鑑真一行はすべて天台の学僧でもあったのだ。道忠はかつて最澄の一切経書写を援助したこともあったが、天台の教えには小乗の四分律ではなくて、『梵網経《ぼんもうきょう》』などに説かれる大乗の菩薩戒こそ相応《ふさわ》しいことを、城邑で講説したと、最澄の弟子光定は伝えている(『伝述一心戒文』巻下)。しかもその道忠は自らの弟子であった円澄や円仁等を多く比叡山の最澄のもとへと送りこんでいる。

その最澄は、東国での空海の密蔵宣揚の足跡を掻き消すかのように、東国地方への天台一乗の宣揚を計画する。その巡錫の旅に、弘仁三年暮以来、空海のもとで真言の秘教を学び修しつづけている泰範を同伴せしめようとして、叡山への帰山を求める。しかし泰範はそれを辞退するのだが、なぜか此の時の叡山への帰山と東国巡錫の同行についての辞退状は、空海が代筆している(『性霊集』巻十)。

最澄が円澄や円仁等を伴なって東国への巡錫を行なったのは、弘仁七年の末か八年の初め頃であったのだが、東国には法相《ほっそう》の徳一《とくいつ》が南都僧院の華侈を厭《いと》って、会津《あいづ》や常陸《ひたち》などで民衆の教化に精進していた。徳一は最澄や空海とも親しき関係にあった修円《しゅえん》の弟子とも伝えられるが、東国に巡錫した最澄との間で、三乗と一乗の熾烈な権実《ごんじつ》論争が長く続くことになる。現存する最澄の撰書はそのほとんどが、この徳一との論争書なのである。

空海が弘仁七年六月に修禅の道場として高野の峰の下賜を請うたのが、こうした最澄の動きと関連あってのことか否かは定かではない。しかし空海は「高野建立の初の結界《けっかい》の啓白の文」のなかで、自らの唐国での留学に言及して、「平《たい》らかに本朝に帰るも、地に相応の地なく、時も正《しょう》是《ぜ》の時に非ず。日月荏苒《じんぜん》として忽ちに一《いっ》紀《き》を経たり。爰に則ち輪王《りんのう》、運を啓《ひら》いて此の法を弘めんと擬《はか》る。必ず須《すべから》く其の地を得べし。四遠簡擇《しおんけんじゃく》するに、此の地（高野の峰）卜食《うらはみ》せり」云々と記されている（『性霊集』巻九）。

此の文章は、弘仁六年三月中旬の「勧縁疏」以来、真言密教の法門の宣揚について、嵯峨天皇が私的ながらも、かなり深いかかわりを有していたことを類推せしめる。

空海自身が朝廷に申請した高野下賜を願った上表文では、南都仏教の盛行について「金刹銀《きんせつぎん》台《だい》は櫛《くし》のごとくに朝野に比《なら》び、義を談ずる龍象《りゅうぞう》は寺毎《ごと》に林を成す」とは云え、「ただ恨むらくは高山深嶺に四禅《しぜん》の客乏しく幽藪窮巌に入定《にゅうじょう》の賓希《まれ》なり。実《まこと》に是れ禅教未だ伝わらず、住処相応せざるが致す所なり」（『性霊集』巻九）云々とする。

仏教界の大方の傾向として、単に仏教教理の論議、談説を以てよしとして、修禅観法の実践修行に欠けるきらいがあったことへの言及である。ここで「禅教」とは真言密教の修禅観法を指している。空海はここで「恨むらくは高山深嶺に四禅の客乏し」云々とするけれども、しかし空海自身が唐都長安の青龍寺で受け学んだ秘蔵の法門とても、少なくとも唐国にあっては都《みやこ》の宗教であって、山の宗教とは言えなかったのではなかったのか。少なくとも師主恵果の行動からして、そのように類推するに過ぎないのだが、空海が師事し始めた時には、恵果自身、余命いくばくもなしと感じていたことから、このことはもちろん断定はできない。

その恵果の師であった不空三蔵は長安の大興善寺を本拠としながらも、五台山での寺宇建立にも意を尽していたことは留意しておくべきだろう。更に言えば、大翻訳家としても有名な三蔵法師玄奘《げんじょう》とても、「嵩岳に入るを請う表」において、「玄奘、少年来、頗る教義を専精することを得るも、唯だ四禅九定に於ては未だ安心に暇《いとま》あらず。今、願くは慮《おもい》を禅門に託し、心を定水に澄まし」云々と述べ、「若し迹《あと》を山中に斂《おさ》めざれば成就すべからず」とも言っている。すでに述べたように、この玄奘、窺基《きき》の学系をひく我が国の法相の学僧護命もまた、「月の上半は深山に入りて虚空蔵法を修し、下半は本寺に在りて宗旨を研精」したと伝えられていた。

空海は高野下賜への援助を、嵯峨天皇の側近の一人であった主殿寮《とのものりょう》の助《すけ》（次官）の布勢海《ふせのあま》への書状で依頼しているが、そこでは次のような留意すべき文句が認められる。それは唐国から帰国の途次の海上でしばしば漂蕩《ひょうとう》に遇い、「聊《しば》らく一の少願を発《おこ》す。帰朝の日、必ず諸天の威光を増益し、国界を擁護し衆生を利済せんが為に一の禅院を建立し、法によって修行せん。願わくは善神護念して、早く本岸に達せしめよと。神明昧《しんみょうくら》からず、平《たいらか》に本朝に帰る。日月流るるが如くにして忽ちに一紀《いっき》を経たり。若しこの願を遂げずんば、恐らくは神祇を誑《あざむ》かん」云々と書き記している。しかし問題は、それに続く次の一文である。

「貧道《ひんどう》、少年《わかかりし》の日、修渉《しゅしょう》の次《ついで》に吉野山を見て南に行くこと一日、更に西に向って去ること二日程にして、一の平原あり。名づけて高野《たかの》と曰う。計《はかりみ》るに紀伊国伊都郡《いとのこうり》の南に当たれり。四面高山にして人迹夐《じんせきはるか》に絶えたり。彼《か》の地、修禅の院を置くに宜《よろ》し」云々とある。

空海は、おそらく大学の学窓を去り、吉野の比蘇山寺を中心に盛行していた虚空蔵法による山林修行に身を投じていた頃、吉野から紀州の高野の平原に足を踏み入れたことがあったのである。その時、空海が何故に吉野から紀州へと向ったかは詳かになし得ない。山林修行の抖擻《とそう》の途次としか言いようがない。

高野下賜の勅許は一か月後の弘仁七年七月八日に、紀伊国司あてに出されている。その地には、空海の佐伯氏と遠祖を同じくする豪族がいて、この豪族に対して空海は直ちに高野開創の援助を乞うている。その書状では高野下賜の勅許があったことを述べて、「是《ここ》を以て一両の草庵を造立せんが為に、且《しばら》く弟子の僧泰範、実恵等を差し遣《つか》わして、彼の処に発向《たちむか》わせしむ。伏して乞う、仏法を護持せんが為に、方円相済《あいすく》わば幸甚、幸甚」云々とある。

「方円」とは在俗の人士と出家者を表わし、今はこの紀州の遠縁に当たる豪族と空海自身を指している。つまり空海は勅許が下されるのを待ちかねたかのように、早々に高野の開創に着手し始めている。一体何が空海をしてそのような行動をとらしめたのであろうか。

高野の平原を開創して若干の草庵の造立に着手し始めた頃おいの、弘仁七年（八一六）の孟秋（七月）に南都大安寺の勤操は多くの名僧を率《ひき》いて高雄山寺に登り、空海から真言密教の戒である三昧耶戒《さんまやかい》を授かり、次いで金剛界と大悲胎蔵の両部の灌頂《かんじょう》に沐している。この事実は、勤操の遺弟等の依頼をうけて撰書した「故《な》き贈僧正勤操大徳の影讃并びに序」のなかに記されている。この序の末尾に近く「（勤操大徳の）弟子の僧等、丁氏《ていし》が孝感を顧《かえり》みて于邦《うほう》の檀木《だんぼく》を刻む。日月に懸《か》けんと欲して、詞を余《わ》が翰《ふで》に憑《たの》む。貧道は公（勤操）と蘭膠《らんこう》なること春秋已《すで》に久し。弘仁七年孟秋、諸の名僧を率《ひき》いて高雄の金剛道場に於て三昧耶戒《さんまやかい》を授け、両部の灌頂を沐す」（『性霊集』巻十）云々とある。

この記述は、どう見ても弟子としての空海が師主であったとする勤操に対して撰述した文章ではない。文中に見える「丁氏が孝感」云々の文は、往昔に中国の丁蘭が亡《な》き両親の像を刻み、生けるが如くに孝養を尽した故事への言及である。また優塡王つまり古代インドのウダヤナ王が仏像を刻んで尊崇敬慕したように、勤操の弟子達は師主の像をつくり、その像への影讃を空海に依頼したのである。

弘仁七年七月に勤操をはじめとする南都の名僧達が、高雄山寺で空海から三昧耶戒を受け両部の灌頂に沐しているのだが、残念ながら、この時の「灌頂暦名《かんじょうれきみょう》」は残っていない。「諸々の名僧を率いて」の受戒、灌頂であったのだが、この時の受法者を具体的に知り得ないのは残念である。しかし、その受者の中に東大寺の奉実《ほうじつ》がいたことは、ほぼ間違いないだろう。

この高雄山寺での灌頂の翌年の弘仁八年（八一七）八月二日に、空海は書状で質問を受けたことの返書を「実相般若経答釈《じっそうはんにゃきょうたつしゃく》」として、「東大寺臨壇華厳和尚《りんだんけごんわじょう》」に与えている。『実相般若経』とは菩提流志《ぼだいるし》の訳であって、これを改めて不空三蔵が翻訳したのが『大楽金剛不空真実三《たいらくこんごうふくうしんじつさん》摩耶《まや》経』であり、一般に『般若理趣経《はんにゃりしゅきょう》』と通称されて、真言密教では極めて重視される経典の一である。この経典からの特に四つの問題についてのコメントを空海が述べたものである。

その「四処の疑滞」つまり四種の疑問とは、第一が「現身に一切法平等性金剛三昧、つまり在りとしあらゆる存在は本来的に仏の深い瞑想の境地にあることを実証できること」、第二は「たとえ三界の一切衆生を殺害しても、遂に悪道には堕しないとすること」、第三は「一切諸法つまり在りとしあらゆるものは性来、清浄な在りようにおいてあるとは何故か」、そして第四が「現身に如来の金剛秘密の堅固なる身を成就しうること」の四種の問題への回答を求めたものである。

空海はこれらの質疑に対して、それぞれ表層的な意味については簡潔に答えているが、この経典は「金剛頂経の一会《いちえ》（一章）であって、秘教の肝心」が説かれているのだから、一々の字、一々の句には悉く無辺の深密な義理が含まれていて、「密伝の人」、つまりは秘蔵の法門を実際に面授し修した人でなければ伝えられないとして、「若し能く具《つぶさ》に受くる心有らば、面せずんば得ず」と結んでいる。この事実はよく理解できると思う。

たとえば第二問の「三界の一切衆生を殺害すれども、終《つい》に斯《こ》れに因《よ》りて悪道に堕せず」とある箇所など、文字通りに解釈できる行為でないことは瞭然である。「三界の一切衆生」とは、あらゆる存在世界の貪《むさぼ》り、瞋《いか》り、癡《おろ》かさの三毒のこととするのだが、一々の字句の奥底に秘められる深密なる実義は、密教の伝燈を受け継ぐ人でなければ、どうしても体得できないと言うわけである。かくてこの返書の末尾には「若し能く心に具《つぶさ》に受くる（気持）有らば、面せずんば得ず」とし、「還使、途《かど》に立つ、縷《くわ》しく説くこと能わず。略《ほぼ》、一隅を挙ぐるのみ、疎簡を嫌うこと莫《なか》らんことを」と結んでいるから、この回答は使者の僧円蔵を待たせての草々の返書であったことがわかる。

ただこの返書の問題は、末尾の宛人が「東大寺臨壇華厳和尚」とあるのが、具体的に誰を指しているかである。東大寺戒壇院での戒和尚をつとめ、且つ華厳の学匠で密蔵の法門に強い関心を有した人と言えば、奉実《ほうじつ》を措いては考えられない。資料としては後期のものではあるが、

『元亨釈書』巻二の「釈奉実」の項では、「年八十に及んで始めて密宗を学び、耽味して寝飡《しんさん》を忘る。（密宗を）得ることの晩《おそ》きを恨《うら》む。年八十四にして亡ず、弘仁十一年なり」とある。

奉実は八十に垂々《なんなん》として始めて秘蔵の法門と出会い、弘仁七年七月には勤操らとともに高雄山寺に登り、三昧耶戒を受け、両部の灌頂に沐したとみて、まず誤りなかろう。この翌年の八月に『実相般若経』について、密教の学説の若干についての質疑を空海に糾《ただ》したのである。

実は此の頃から翌九年にかけて、天下の大旱魃で人びとは多く疲弊し、飢餓や疫病に苦しめられていた。『日本紀略』弘仁九年の項を一瞥すれば、年間を通じて「頃年の間、水旱相い続き、百姓、農業の損害も少なからず」云々とあって、「諸大寺及び畿内の諸寺、山林禅場等をして転経礼仏せしめて雨を祈らしめ」ている。弘仁九年四月二十一日には左大臣の藤原冬嗣《ふゆつぐ》から比叡山の最澄への書状で「必ず苦しむは人なり。必ず救うは仏なり。況んや近《ちか》ごろ亢陽《こうよう》、時を失い、稼苗《かびょう》悉く彫《いた》み、倉庫已に尽《つ》けり。何を以て他を利さんや。惟《おも》うに澄上人は円教を宗と為し、常に平等誡を修し、一念に住して彼の真聖を驚かさば、則ち甘雨降るべし、百草皆な滋《しげ》らん。不宣」と書いて、祈雨を依頼している。この時、最澄は「貧道、不才なりと雖も深く仏力を憑《たの》み、雨を祈る」云々との返書をしたためている（『伝述一心戒文』巻上）。

『日本紀略』では、この年の長きにわたる旱魃の災害が、かつて罪なくして死へと追いやられた故《な》き皇子、伊豫親王とその母、藤原吉子の怨恨のなせるわざとも考えてか、「詔す、朕思う所有り。宜しく故《な》き皇子伊豫、（母の）夫人藤原吉子等の本位の号を復すべし」とある。空海が帰朝の後、筑紫に滞留せしめられていた時、平城帝を取り巻いていた藤原仲成や薬子《くすこ》らの陰謀で、伊豫親王が皇位を狙うクーデターを計画しているとして、当時、中務卿で大宰府帥を兼ねていた伊豫親王母子を川原寺に幽閉し、服毒自死へと追いやっていた。空海の入唐留学に尽力してくれた学友の伊豫親王である。

しかし何故か、この年すなわち弘仁九年の大旱魃に、空海に祈雨の要請があったことを示唆する資料はまったく見当らない。この年の春に、祈雨を念じて嵯峨天皇自身が親しく筆を執って写経したと伝えられる『般若心経』が、現に京都嵐山の大覚寺に保存されている。そしてこの時、空海はその『般若心経』の真髄を読み解くための『般若心経秘鍵』を撰述したとの伝承も残っているが、『秘鍵』については事実ではない。この『般若心経秘鍵』については、後に詳しく述べることがあろう。

推量の域を出るものではないが、空海もまた祈雨の修法はおこなったであろうし、古くからの「文章は経国の基《もとい》」との考えから、国の政治への関与を強く有する官僚への助言指導もあり得たであろう。このような観点から、私は文章理論書とも言うべき『文鏡秘府論《ぶんきょうひふろん》』六巻は弘仁九年の秋頃の撰述ではなかったかと思っている。今も述べたように、文章はまさしく国家を経理統轄する基本であって、政治の根幹となるべきものであると考えられていた。だから「帝道、天を感ずるとき霊文聿《つい》に興《おこ》る」(『性霊集』巻四)のであれば、天皇のもとで政治にかかわる官僚自身もまた、正しくハイレベルな文章を以て政事《まつりごと》に当たらなければならないのだ。『文鏡秘府論』の序の冒頭で「夫《そ》れ大仙の物を利するや、名教もて基《もとい》と為し、君子の時を済《すく》うや、文章是《こ》れ本《もと》なり。故に能く空中塵中《じんちゅう》に、本有《ほんう》の字を開き、亀上龍上に、自然の文を演《の》ぶ」云々と記す。つまり仏陀が衆生を済うのにはことばによる教えを基礎とし、君子が世を救うのには文章の力を根本としている。だから仏教の真理は空中や、この人間世界におのずからなる文字として現われ、儒教の真理は亀の甲や龍の背に自然の文字となって開示されると言うことになろうか。

弘仁五年にも空海は嵯峨天皇に自撰の『梵字悉曇字母并びに釈義』や『古今文字讃』などを献上した時にも、その上表文で「帝道、天を感ずるときは則ち秘録必ず顕《あら》われ、皇風、地を動すときは則ち霊文聿《つい》に興る」云々と記して、天皇の政道が正しく天に感応するとき、必ず不思議な文が世の中に顕われ、天子の徳風が地に感動するとき、霊妙な文が遂に世に生ずると言うわけである。文章の力、すなわち自然の文字の霊力によって、世を太平ならしめることが願われたとしても不思議ではない。

空海は更に『文鏡秘府論』の撰述意図について、次のように記している。「貧道、幼にして表舅《ひょうきゅう》に就きて頗《すこぶ》る藻麗《そうれい》を学び、長じて西秦(唐国)に入りて粗《ほ》ぼ余論を聴く」として、更に

「爰《ここ》に一多の後生有りて、閑寂《かんじゃく》を文園に扣《たた》き、詞華《しか》を詩囿《しゅう》に擿《つ》く」云々として、今、若干の若き人びとが私のもとを訪れて、修禅の閑寂のおもむきを文章の園生《そのお》に追求し、華麗な文辞を詩の世界に発揚すべく、私（空海）に教示を求めてきた。撞木《しゅもく》でつかれた鐘としての私とても、黙して響きを発しないわけにはゆかず、かつて私自身が文章論を学んだときの書物などを繙《ひもと》き、諸家の文章理論を相互に比較してみると、資料は多くても肝心枢要なものは僅少である。今、これらの文章理論を統一的に整理して概要としてまとめたのが、この『文鏡秘府論』六巻であると言うわけである（興膳宏の訳による）。空海が当時、わが国にあって随一の文筆家であったことを如実に示す撰述と言えるだろう。

この『文鏡秘府論』は若き官僚たちの要請によって著わされたものであるが、空海は文人天皇である嵯峨帝にも此の論著を献上して、その年、弘仁九年の十一月には、謂わば唐突に高野の峰に移ることになる。某氏へ宛てた書状では、「空海、禅庵《ぜんあん》を造らんが為に且《しば》らく南嶽《なんがく》（高野）に向う。事草々《ことそうそう》なるにより消息を奉せず」と記している。藤太守にあてた同年十二月の書状でも、「空海、去《い》んにし月の中旬より高野山寺に来住す。庵室を造ることに限られて、人を馳《は》せ参ずることなく、久しく奉状《ぶじょう》を闕《か》く」云々と記してもいる。これらの書状から、空海の高野登嶺は草庵の建立のためであったとしても、その時季が何故に厳寒の十一月でなければならなかったのか。

「東宮大夫相公」にあてた十二月十日付の礼状では、「風信巖《いわお》を払い、雲書窟《むろ》を排《おしひら》く、捨恵厚くして喜荷深し。蘇燈は忽ちに挙げて、長夜朗《あきら》かなり。礼裘《れいきゅう》は乍ちに著して、雪裏《せつり》に汗す。無行の小僧、何ぞ此の贈《おくりもの》に当《あた》らんや、幸甚、幸甚」云々としたためられている。末尾には「南嶽沙門遍照金剛状《しる》す」とあって、この頃から空海は自らの灌頂名を使用するようになる。東宮大夫であった藤原冬嗣からの燈油と一種の防寒の皮衣を贈られたことへの礼状である。

同じような空海の礼状は他にも幾通か残っているが、藤原冬嗣や緒嗣らと同じように、空海に好意を寄せていた参議の良岑安世《よしみねのやすよ》は、厳寒の高野に籠《こも》る空海の思いを量《はか》りかねてか、幾つかの文を空海に寄せている。「山に入る興」とか「山中に何の楽しみか有る」といった「雑言」の文がそれである。「山に入る興」では、「問う、師は何の意《おもい》ありてか深寒《しんかん》に入るや、深嶽崎嶇《きく》として太《はなは》だ安《やす》からず、上《のぼ》るにも苦しみ、下る時にも難《なや》む、山神木魅《ぼくび》が是れを廧《すみか》とす」云々とある。

つまり、あなたは一体どのような気持ちで深山幽谷に身を托したのか。高野の深山はごつごつとして甚だ危険であり、登るのにも苦しみ、下るときにもまた難儀をきわめる。どうみてもその深山は山の神か木の精霊のすみかとしか思えないと言う訳である。

空海はこれに応答して、「南山の松石は看《み》れども厭《あ》かず、南嶽の清流は憐《あわ》れむこと已《や》まず」と詠じ、あなたも「浮草名利の毒に慢《おご》ること莫《なか》れ、三界の火宅の裏《うち》に焼かるること莫れ、抖擻《とそう》して早く法身の里に入れ」と勧奨している。高野の峰はまさしく「法身の里」だと言うのである。かくてまた空海は「澗水《かんすい》一杯、朝《あした》に命を支え、山霞一咽《いちいん》、夕《ゆうべ》に神《たましい》を谷《やしな》う」とも詠じている（『性霊集』巻一）。

第二節　中務省への移住と嵯峨天皇の譲位の決意

厳寒の高野の峰で一冬を越え、ようやく春らしくなった弘仁十年（八一九）の春には、空海は寺塔建立《じとうこんりゅう》のために、伽藍壇場《がらんだんじょう》の結界《けっかい》の法要を執行することになる。この時の法要で空海が読みあげた「高野建立の初めの結界の時の啓白文《けいびゃくもん》」では、その冒頭に「沙門遍照金剛、敬って十方の諸仏、両部の大曼荼羅海会《かいえ》の衆《しゅ》、五類の諸天及び国中の天神地祇、并びに此の山中の地水火風空の諸鬼等に白《もう》す」云々と記され、自らを「遍照金剛」の灌頂名で記し、ありとしあらゆる神仏、なかんづく高野の山を支配する諸々の鬼神に、伽藍建立の意図を告げて、「上《かみ》は諸仏の恩を報じて密教を弘揚《ぐよう》し、下《しも》は五類の天威を増して群生《ぐんじょう》を抜済《ばっさい》せんが為に、一《もっぱ》ら金剛乗秘密教に依って両部の大曼荼羅を建立せんと欲《おも》う」云々とあって、「諸天擁護し善神誓願して、此の事を証誠《しょうじょう》したまえ」と祈誓している。

まさしく南嶽高野の霊峰に一大伽藍を建立し、この聖地を中心として自らも修禅観法をつづけ、この霊地を「仏の心、国の鎮」たる真言秘蔵の教法によって、ありとしあらゆる人々の「氛災《ふんさい》を攘《はら》い除《の》けて、すべての人々に福祉を意のままに実現せしめる」ことをはかろうとしたのである。実には、人びとに福祉を招きよせること自体が、そのままに「脱凡入聖」の悟りの世界へ到る最も近道であったからである。

この年の五月十七日、知己の筑前の栄井王が「久しく風疾《ふうしつ》に染む」ことを耳にして、高野の山中に諸々の弟子等を率《ひき》いて香を焚《た》き誠を投じて一七日の間、金剛般若経を転読《てんどく》して病気の平癒を祈っているが、その栄井王への書簡で「妙薬纔《わずか》に嘗《な》めて身中の万病を除かば幸甚《こうじん》」云々とも書き記しているから、この時、空海は栄井王へ「妙薬」をも与えていることがわかる。ただ留意したいことは、この栄井王への書簡で「貧道、閑静を貪《むさぼ》らんが為に、暫く此の南峰に移住す」とある点である。

文字通りに読めば、この時の空海の高野滞留は「暫く」の間の「閑静を貪らんが為」と云うことになるが、真意は把捉しがたい。しかしその栄井王への同じ年の八月十日の書状は、栄井王の内室が逝去したことへの弔慰状であるが、「凶変常なき」ことを嘆じて「賢室は年華未だ秋ならざるに、此の風霜に遭《あ》う、二、三の幼稚偏露《ようちへんろ》は誰をか怙《たの》まん、痛ましき哉、哀《かな》しき哉」と弔意をあらわした後に、「貧道、去月《いんにしつき》の中に勅徴有りて、且《しばら》く中務省《なかつかさのしょう》に住す。其の勅書の案《あん》一本を附上す、之を一覧せられよ」（『高野雑筆集』巻上）云々と書き送っている。

同じく、この年の八月十三日付の宛人不詳の書状でも、「仲秋已に涼し、伏して惟《おもんみ》れば動止万福ならん。空海、前年、禅庵を造らんが為に且《しば》らく南嶽に向う。事草々なるに縁《よ》りて消息を奉《ぶ》せず、悚息《しょうそく》何をか言わんや。今、勅徴に随って、来りて城中に入れども、就いて謁するに由なし」(『高野雑筆集』巻上)とも見えている。

この時の「勅書」が残っていないから、嵯峨天皇が弘仁十年七月に、前年暮に高野に登ったばかりの空海を、急拠、中務省に入住せしめた理由を詳かにしない。さきに言及したように、弘仁十年三月に嵯峨天皇は「朕、思う所有り。宜しく故《な》き皇子伊豫、夫人《ぶじん》藤原吉子等に本位の号を復すべし」(『日本紀略』前篇十四)との宣旨を発している。それは前年来の大旱魃への対策の一としての鎮魂のためであったのだ。すでに言及したように、空海が帰朝した翌年、かつての学友であり自らの入唐留学にも意を注《そそ》いでくれた伊豫親王は、平城帝とその側近藤原仲成、薬子らの陰謀によって、政権奪取の疑惑をかけられ、無実の訴えをも耳にすることなく、伊豫親王母子を川原寺に幽閉し、服毒自死にいたらしめたことへの祟《たた》りを怖《おそ》れての慰霊のためであったのである。

事実、嵯峨天皇はこの年五月十七日は「神泉苑《しんぜんえん》に幸《みゆき》して貴布祢《きふね》社に奉幣して雨を祈」っているし、七月十八日には「十三大寺ならびに大和国の定額《じょうがく》の諸寺の常住僧として、各々当寺に於て三ケ日、大般若経を転読して、以て甘雨を祈らしめ」ている(『日本紀略』前篇十四)。

このような情況からみて、嵯峨天皇が弘仁十年七月に空海を中務省に入住せしめたのは祈雨のためではなかったのかと言われるのだが、もしも実際に雨を祈るための修法であったとしたら、都の中務省と云う役所ではなくて、高野の霊峰での修法こそ、最も有効であったはずである。更に留意したいのは、空海が中務省に移住せしめられた翌月の八月二十三日には、嵯峨天皇は「嵯峨院に幸《みゆき》し、文人に命じて詩を賦せ」しめ、また翌九月九日にも、「神泉苑に幸し侍臣を宴《やす》んじ、文人に命じて詩を賦せ」しめている事実である。

これらの「賦詩」が、単なる文人の慰みの域を遙《はる》かに超えて、雨を祈り、人民の災《わざわい》を払い祉《さいわい》を招くための行事であったことに思いを致すべきであろう。これらの「賦詩」のことが、この年頃あいに、国史書としての『日本紀略』にしばしば記録されている事実は、まさしく一連の祈雨との関連においてのことであったと思われるのである。空海の中務省への移住も、まさにこのような文脈のなかで読み取らねばならないだろう。

中務省は、天皇に侍従し、詔勅の文案の審署、上表の受納などにかかわっていて、とりわけ天皇の詔勅にかかわる文案などは極めて重要な職掌の一つであった。つまり「文章は経国の基《もとい》」と直接につながりを有する役所と言ってもよい。空海が先年、若き文人たちの依頼によって撰述した『文鏡秘府論』六巻の末尾に、『帝徳録』が収載されていることが、嵯峨天皇をして空海に中務省における若き官僚達への文章指導にあたらしめたことを示唆しているかに思われる。『帝徳録』はまさしく詔勅や上書をはじめ、公的文書を起草する際の、謂わば模範文例であり、勅書のハンドブックとも言えるような文集として編まれているからである。空海による中務省での若手官僚への文章指導は、まさしく「経国の基《もとい》」を確固たらしめるためであり、旱魃《かんばつ》による国難を去らしめる所以ともなるべきことでもあったのである。

このときの文章指導の成果として、空海は、「弘仁十一年（八二〇）中夏の節」に『文筆眼《ぶんぴつがん》心抄《じんしょう》』一巻を撰述して、若き文人官僚たちの文章作成の手引書たらしめている。この題箋の下に撰者名として「金剛峯寺禅念沙門遍照金剛撰」とあるが、その序で撰述の意図を述べて「余、禅観《ぜんがん》の余暇に乗じ、諸家の格式等を勘《かんが》えて、『文鏡秘府論』六巻を撰す」として、この撰述が「要にして又、玄たりと雖も、披誦《ひしょう》するに稍《や》難《かた》し。今、更に其の要《かなめ》の口上に含む者を抄し」て一巻の著作としたと述べている。ここで「文」とは韻文を指し、「筆」とは散文を意味している。肝要にして奥深い内容の『文鏡秘府論』は日常の撰文に応用するのには、いささか難解にすぎるきらいがあるゆえに、今、その要点を書き抜いて文章創作の手引書としたのが、この『文筆眼心抄』一巻であると云うわけである。『文鏡秘府論』の撰者名として、「金剛峯寺禅念沙門遍照金剛撰」と書き入れたのは、この時である。

空海はこれら文章理論書のほかにも、一種の書体辞典とも言うべき『篆隷万象名義《てんれいばんしょうみょうぎ》』一巻の編纂がある。しかし完成本とは言いがたく、本格的な書体辞典編纂のための備忘録のごときものとみる説もある。いずれにもせよ、これもまた此の時期の編著であったろう。

中務省への入住の勅徴が、以上述べたような文筆の教授指導のためであったとし、しかもそれが経国の基《もとい》としての勅命であったとしても、その後、空海が再び急ぎ高野の峰へとたち還った形跡は、まったく見受けられない。高雄山寺へと居を移した空海は真言教学の要諦を撰述することになる。単なる推定の域を出るものではないが、撰者名として「遍照金剛撰」と明記する『吽字義《うんじぎ》』一巻は此の頃の著述であったろう。

年も明けて弘仁十二年（八二一）五月には、讃岐の国司が朝廷に申請して、空海を讃岐の万《まん》農池《のうがいけ》修築の別当《べっとう》（総責任者）に任命派遣するように依頼している。そのことを『日本紀略』では次のように記録している。

「讃岐国言《もう》す、去年より始めて万農池を隄《つ》くも、工《わざ》大にして民《たみ》少なし。成功未だ期せず。僧空海は此の土《くに》の人なり。山中に坐禅せば獣《けもの》馴れ鳥狎《な》る。海外に道を求め、虚《むな》しく往《ゆ》きて実《み》ちて帰れり。茲れに因り道俗は風を欽《ねが》い、民庶は影を望む。居《ご》すれば則ち生徒《しょうと》は市《いち》を成し、出ずれば則ち追従するもの雲の如し。今、旧土を離れて常に京師に住《とどま》る。百姓《ひゃくせい》は恋慕すること父母の如し。若《も》し師が来ると聞かば、必ず履《はきもの》を倒《さかさま》にして相迎せん。伏して請う、別当《べっとう》に宛て其の事を済《す》ましめんことを。是れを許す」とある。

大きな河川のない讃岐国では、農業を支える水源は人工の池に頼るほかなかったのだが、その一つが万農池である。今、この池の修築に当って、讃岐の国司（長官）は国家に対して、讃岐出身の空海を修築の別当すなわち総責任者として派遣してくれるように依頼したのである。大規模な築堤工事にあたり、人夫の数が不足して完成が覚束《おぼつか》ない状況にあって、「百姓」すなわち多くの人びとが「恋慕すること父母の如き」空海が来ることを耳にすれば、履物《はきもの》をはくのももどかしく、急ぎ馳せ参じてくれると言うのである。「居すれば則ち生徒は市を成し、出ずれば則ち追従するもの雲の如し」と言うのは、かの有名な奈良時代の行基《ぎょうき》を連想させる表現である。民衆のために道を作り、池を掘り、家なき人びとのためには宿泊施設を建て、東大寺の大仏をも完成せしめた、かの行基菩薩である。

久びさに郷里へと帰った空海は僅かに数か月で、万農池の築堤修復を完成せしめている。このときのアーチ式ダムの工法など、現代の土木工学からみても、そのままに通用し有効であると言われている。空海が仏教に関してはもちろんのこと、文学、工学、医薬学など、あらゆる分野に精通していたことを物語っている。なによりも空海が重要視したのは、民衆への福祉の実現であった。一般民衆のための教育機関を設立したのもまた、その福祉の一端であったのだが、後に詳しく述べることがあろう。

讃岐の万農池の修築をおえた空海に対して、朝廷は「新銭二万を施し」ているが（『日本紀略』弘仁十二年七月二十三日条）、その理由は定かでないし、その「新銭」と云うのも審かではない。この頃から大和《やまと》の高市郡《たけちこうり》に益田池を築く灌漑工事が始っているが、この事業に空海が直接かかわったことを示す痕跡はまったく見られない。ただこの益田池が完成をみた天長二年（八二五）九月には、空海は「大和州益田池碑銘并びに序」を篆隷《てんれい》書体の書法で揮毫している。

万農池の修築が完成した頃から、嵯峨天皇は同年齢の異母弟の皇太弟大伴親王への譲位を真剣に考え始める。そのために、かつて自らが即位した後の、平城上皇との間で惹起したような二朝併立による政情の混乱は、何としても避けねばならぬと考えていた。当時、上皇は天皇と同等か、時には天皇以上の権力を発揮することがあったからである。

自らの経験を顧みて、最も平穏裡な譲位を実現するためには、自らが上皇位に就くことを辞するばかりでなく、平城上皇にもその上皇位を返上することを納得させねばならない。そのためには、まずは、かつてなかば強制的に出家せざるを得ない状況に追い込み、その動静を監視せしめたことへの怨恨の思いを払拭しておく必要があったのだ。

嵯峨天皇が平城上皇との融和をはかる動きを見せ始めるのは、空海を高野の峰から中務省へと移住せしめた頃からのことである。弘仁十一年（八二〇）十月三日には、嵯峨帝は正倉院北倉から王羲之父子の大小王真跡帳、王羲之草書法帖二十巻、さらに繡鞋九足を出蔵して、これらすべてを平城上皇へ贈与している（『大日本古文書』巻二五、附録）。これらの贈答品のなかに儀礼用の室内履の靴である「繡鞋」が含まれていたことは、灌頂とのかかわりで留意しておく必要があろう。

弘仁十二年四月三日から嵯峨天皇は、后妃、皇太弟、右大臣藤原冬嗣らの援助を得て、空海が請来した大悲胎蔵および金剛界の両部の大曼荼羅をはじめ、真言の五祖の影像などの修復とともに、これらの曼荼羅や祖師影など、「都《す》べて二十六鋪」を新らたに図絵せしめ、九月七日に完成せしめている（『性霊集』巻七）。このとき空海は「山房は霧濃くして像は多く折損す。事ごとに塵穢《じんえ》して高覧に触れることを恐る。今望むらくは、工手《たくみ》に命じて便ち繕修を加えなば幸甚、幸甚」云々と藤原冬嗣あての書状に記している。

しかしこの時、単に修繕されたのみならず、新たに両部の大曼荼羅や祖師の影像等が複製されているのである。しかも曼荼羅は空海が請来したものよりも一回り《ひとまわ》大きく、大悲胎蔵大曼荼羅は「一鋪八幅」、金剛界のそれは「一鋪九幅」となっている。さらに真言の祖師影像は、空海が請来した金剛智三蔵、善無畏三蔵、不空三蔵、一行阿闍梨、恵果阿闍梨の五祖の他に、新たに真言密教の初祖の龍猛《りゅうみょう》菩薩と第二祖の龍智《りゅうち》菩薩の影像をも描かせて、これら二祖の影像に嵯峨天皇自らが、これらの菩薩の梵名を悉曇《しったん》文字で、漢名を飛白体で揮毫したのである。

これらがすべて、平城上皇との関係修復のための灌頂とのかかわりでのことであったのは明白なる事実である。この頃から嵯峨天皇は東大寺に灌頂道場を建立することを計画していたのである。平城上皇への灌頂とあらば、その場処は、平安京ではなく、どうしても平城京でなければならなかったのである。

他方、何故か空海は、この年十一月に右大臣の藤原冬嗣にあてた書状で、自らの隠棲を申し出ている。この書状では、自らが先帝桓武の恩命により入唐留学し得たこと、恵果和尚と遇い得て両部の真言秘教、二部の大曼荼羅、灌頂等を受け得たことなどを記す。そして帰国後は嵯峨帝の恩顧を得て真言の伝授を行ない、「今、天恩重ねて流れて両部の大曼荼羅の像を図し奉り、功畢《お》えなんとす」と書きすすめる。そして「貧道、如今《いま》生年知命（五十）に近く二毛すでに颯然《さつぜん》たり。生願すでに満ちて伝うべきこともまた了《おわ》る」とし、「望むらくは、所司に宣付して彼《か》の公食を停《とど》むることを」と隠退の決意を告げている。

ここで空海は更に「嗚呼、俗に在りて道を障《ふさ》ぐること妻子尤《もっと》も甚《はなはだ》し。道家の重累《ちょうるい》は弟子是れ魔なり。弟子の愛を絶って国家の粒《りゅう》を却《しりぞ》けんには如《し》かず」云々とも書き添えて、「一去《いちご》の後、再面期し難し、二、三の弟子等、両相公（冬嗣と緒嗣）に属《しょく》し奉る」とも述べて、自らの若き弟子の処遇を依頼している。

この隠棲が高野の峰へのそれであるか否かは不明だが、それにしても此の時期での隠退の決意はいかなる理由によってのことであったのか。かつて十年以前に、嵯峨帝の勅命によって乙《おと》訓寺《くにでら》に移住せしめられた空海が一年間の滞留で「空海生年四十、期命尽《つ》くべし」と最澄に告げて高雄山寺へ移ったことが想起される。

弘仁十三年（八二二）正月七日には、平城上皇の皇子で廃太子となっていた高丘《たかおか》親王に四品の位階が授けられ、三月十九日には太政官符によって、東大寺に灌頂道場が創設されている。その官符には「太政官が去《い》んじ弘仁十三年二月十一日に治部省に下す符に偁《いわ》く、右大臣（冬嗣）宣す、勅を奉《う》くるに、去年冬に雷あり、近く疫水有らん。宜しく空海法師をして、東大寺に於て国家の為に灌頂道場を建立し、夏中及び三長齋月に息災《そくさい》、増益《ぞうやく》の法を修せしめ、以《もっ》て国家を鎮《しず》ましむべし」とある（『類聚三代格』巻二）。『東大寺続要録』では、この灌頂道場は「大仏殿の前を点《えら》び、東塔西塔の中に当《あた》り、忽ちに五間四面の灌頂堂を建て、両部九幅の曼荼羅を安じ」たと記されている。

東大寺での灌頂堂の建立と、その道場での空海による修法は、前年冬の雷が疫水の予兆とみての災害予防のためであったと言うのである。「夏中」とは四月からの三か月間を指し、「三長齋月」とは一月、五月、九月を言うから、事実とすればかなり長期に亘る修法であったことになる。おそらく此の年の半《なか》ば頃に、この灌頂道場で、平城上皇と高丘親王への灌頂が修せられたのである。

元来、灌頂とは古代インドの王族の即位儀礼であった。それが仏教に採り入れられて、受者が仏位に登りつくための儀礼となったのである。今、たとえ儀礼的とは言え、平城上皇と高丘親王の即位を実現することで、嵯峨天皇は平城上皇との間の 蟠《わだかま》りを払拭しての譲位を考えていたのではなかったのか。

灌頂を受ける前に、まずは三昧耶戒《さんまやかい》を受けなければならぬ。三昧耶（samaya）とは平等を意味するが、仏心と衆生心と我心との三心は本来的には絶対に平等であり、つらなっていることの自覚を言う。別に発菩提心戒《ほつぼだいしんかい》とも言われるが、まさしく覚悟《さとり》の心を発《おこ》すための受戒である。このとき空海は『三昧耶戒序』を撰述し、その題簽の下に「遍照金剛撰」と記名していることにも留意しておきたい。それ以上に注目すべき点は、この『三昧耶戒序』が空海の主著とも言うべき『秘密曼荼羅十住心論』十巻と極めて密接な関係を有している事実である。

『三昧耶戒序』の冒頭では、「若し夫《そ》れ一千二百の草薬、七十二種の金丹《きんたん》は身病を悲しんで方《ほう》を作り、一十二部の妙法、八万四千の経教は心疾を哀《あわ》れんで訓を垂《た》る。身病百種なれば即ち方薬は一途なること能《あた》わず、心疾万品なれば則ち経教も一種なることを得ず」云々と記される。

人が人として生き抜くための教えが多種多様であるのは、その人びとの生活環境、時代、そしてそれぞれの素質能力によって、説示される教法も様々であるのは、病気を治療する際の薬の処方と同じことと言うわけで、まさしくその通りである。空海はその事実をつとに留学成果の報告書である『請来目録』のなかで、「法海は一味なれども機に随って浅深あり、五乗、鑣《くつばみ》を分つ。器を逐《お》って頓漸あり。頓教の中に顕（教）有り、密（教）有り」云々と述べている。

この地球上のあらゆる海（四大海）はそれぞれ場所、形態を異にしてはいても、その海水はすべて同じ味であり、しかもこれら四大海の水は皆なつながっている。それと同じように、あらゆる宗教、宗派もそれぞれを区切る壁はないのであり、すべては根源的には深層において一味であり、つながっていると言うのである。この深層構造の在りようが、曼荼羅と言われるのである。『秘密曼荼羅十住心論』が、まさしく、あらゆる人びとの心の深層構造を詳述したものなのである。

その『十住心論』序の冒頭には「夫れ宅《いえ》に帰るには必ず乗道に資《よ》る。病を愈《いや》すには會《かな》らず薬方に処《よ》る。病源に巨多あれば方薬も一に非《あら》ず。己宅に遠近あれば道乗千差なり」云々とあって、『三昧耶戒序』ときわめてよく相応している。

しかも更に注目すべきは、人びとの心の境位を十段階としていること、その心の境位の名称、つまりは十住心の名称が、両書においては完全に一致相応していることである。その内実については後述することとして、『三昧耶戒序』に見られる十住心の名称だけを挙げてみれば、次のごときである。

まず第一は、本能のままに十不善の行為に欲望のままに耽《ふけ》って三途《さんず》の極苦に堕する「異生《いしょう》羝羊《ていよう》」の心、第二は、ようやく因果を信じて人の人たるべき道を行じる心の「愚童持斎《ぐどうじさい》」の境位、第三は、祭祀によりたとえ生天できたとしても輪廻《りんね》は免れないことを悟って仏道に目覚める「嬰童無畏《ようどうむい》」の住心、第四と第五とは仏道にあっても羊車に喩えられる声聞《しょうもん》の教えと、鹿車に比せられる独覚《どっかく》（縁覚）の教えとがある。ともに俗世間を超脱しているものの、未だ十分に勝れた境位へは到りついていない。これらの中、第四を「唯蘊無我《ゆいうんむが》」の住心、第五の境位を「抜業因種《ばつごういんしゅ》」の境位と名づける。これらの心境が更に深まって、第六の「他縁大乗《たえんだいじょう》」の心となり、自己を省《かえり》みることなく先ずは他者のために布施の行為をつくす境地へと進み、更に言語の虚妄なる表現にまどわされずに真実なる認識へと深まる第七「覚心不生《かくしんふしょう》」の境地、かくて迷悟は本来わが心に在ることを自覚し、本来の清浄なる心へとたち還り、絶対真理を証《あか》す境位が第八の「如実一道心《にょじついちどうしん》」、そして現象世界の事物すべての在りようを如実に知り、自己の心もまた、真実在と融合していることとの自覚を得る。この境位が第九住心の「極無自性心《ごくむじしょうしん》」なのだが、なおも完全ではない。人の心は順次、昇華をつづけて、遂に存在の絶対的根源である法身《ほっしん》仏《ぶっ》の境位へと到りつく。この境地こそ第十住心の「秘密荘厳心《ひみつしょうごんしん》」なのである。『三昧耶戒序』の末尾では、これらの十住心は「是れ皆な自性《じしょう》なきが故に、展転して勝進す」としている事実は極めて重要である。後に空海は『十住心論』十巻を撰述して、これら十住心にそれぞれの文化、道徳、宗教そして仏教の各宗派を該当せしめているけれども、これらの心の十段階は相互に関連しあっているのであり、その住心に相応せしめられる宗教、宗派の間にも決して壁は存在せず、すべては相互に有機的につながっているとする「深秘釈」こそ、まさしく現代の世界における異文化、異宗教のかかわりを確認するための重要な「秘鍵《ひけん》」たり得ているのである。

「太上天皇灌頂文」においてもまた、空海の真言教学の特質を読みとることが可能である。その冒頭で「仏恵の照らす所は、衆生即ち仏なり、衆生の体性《たいしょう》と諸仏の法界とは本来一味にして、都《すべ》て差別なし。衆生は（是れを）悟らずして長夜に苦を受け、諸仏は能《よ》く覚って常恒に安楽なり。是の故に、衆生をして頓《すみや》かに心仏《しんぶつ》を覚り、速かに本源に帰らしめんが為に、此の真言の法門を説く」とあるのは、まさに空海の生涯変わることのない確信であり、その真言教学の核心であったのだ。

注目したいのは、この「灌頂文」において、空海は自らの入唐留学に触れた後で、帰国の後、即位したばかりの平城帝に留学成果を報告した『請来目録』の上表で、「陛下の新たに施璣《せんき》に御するを以て、新訳の経、遠くより新《あら》たに戻《いた》る」とし、そのことを「あたかも符契《ふけい》に似たり。聖に非《あらず》んば誰か測《はか》らんや」と記していたにもかかわらず、当時の平城帝はこれに一瞥すら与えることはなかったのである。

今、この「太上天皇灌頂文」で、そのことに触れて、次のように記す。「大同元年を以て曼荼羅并びに経等を献じ奉る。爾《しか》しより已還《このかん》、愚忠に感なくして忽ちに一十七年を経《へ》たり。天は人の欲《おもい》に従い、聖は人の心を鑒《かんが》みたまう。因縁感応の故に、今日、龍顔《りゅうがん》に対し奉りて愚誠《ぐせい》を遂ぐることを得たり」云々とし、また「幸《さいわい》なる哉、此の夕《せき》の大小・聖父聖子に値《あ》い奉りて仏戒を受持して頓《すみや》かに仏位に入る」とも記していて、この灌頂が平城上皇とその皇子の高丘《たかおか》親王に対するものであったことがわかる。

嵯峨天皇が即位したとき皇太子となった高丘親王は、二朝併立の紛争内乱にあたって廃太子とされていたのだ。今、儀礼的とは言え、高丘親王の即位を深慮しての灌頂は、まさしく嵯峨天皇が平城上皇父子との和解をはかるためであったことを示唆している。ところが、その高丘親王はこの灌頂の後に東大寺において出家し、後に空海の弟子となって密蔵の法門を究めるようになる。真如法《しんにょほう》親王と呼ばれるのが、その人である。

この「灌頂文」においても、仏法はまさに随病与薬と同じく、種々の法門に言及してそれぞれに浅深あることを示し、「若し乗を言えば五乗、道は別なり。宗を言えば、八宗、趣きを異にす」として、その八宗を当時の南都北嶺の「律《りつ》、倶舎《くしゃ》、成実《じょうじつ》、法相《ほっそう》、三論《さんろん》、天台《てんだい》、華厳《けごん》、真言《しんごん》、是れなり」とする。「五乗」とは、人乗、天乗、声聞《しょうもん》乗、縁覚《えんがく》(独覚)乗、菩薩乗を指し、人・天の二乗は人の人たるべき道を説く教えと生天を理想とする教法で、ともに世間乗であるのに対して、後の三乗は仏教の出世間の教法を指す。

ここで八宗の特質について簡潔に言及するのだが、これら「諸宗諸教は法王の一職《いっしき》、百官の一局」として、いずれの教説も機根能力に随っての妙薬とする。つまり、どのような教法教説も否定排除すべきものは一つもないと言うのである。なぜか。すべての教法が世間的な教説も出世間の教法も、根底においては有機的につながっていて、あらゆる教えは間主観的統一態としての在りようにおいて存在しているからである。その深層における統一態的在りようが曼荼羅（maṇḍala）と言われるのである。

ここで空海は八宗について、律宗は身語意に関する十善の行為を示し、四念処観《しねんじょかん》と云う自身の内実を観想して、身心ともに無の境位にあることを自覚することを説く。倶舎宗は存在要素が過去、現在、未来の三世にわたって実在するとし、成実宗はあらゆる存在を分析して、すべては実体なきものと観想する「析法空観《しゃくほうくうがん》」を説く。これら倶舎、成実の両宗はなおも小乗の分際であるのに対して、法相宗は唯識無境の理を説く弥勒《みろく》の大慈三昧の法門。三論宗は八不空性の理を説き、あらゆる戯論《けろん》を除滅する般若仏母たる文殊《もんじゅ》の三昧門。天台宗は法華一乗《ほっけいちじょう》の一心三観の道を説く観音大慈の三昧門。華厳宗は理事無碍《りじむげ》などの教説、すなわち真理の世界は重々無尽に円《まど》かに融合しあって、自分の心も仏心も、さらには衆生の心もすべては本来差別なく一体なることを説く普賢菩薩の法門とする。

そしてこれらの諸宗は「並びに皆な釈迦医王の他受法帝の随機の妙薬」であるのに対して、「今、授くる所の法とは、是れ大日如来が金剛法界心殿に住《とどま》りて、五智の如来、四種の法身《ほっしん》の自内眷属《じないけんぞく》と与《とも》に演《の》べる所の秘密曼荼羅の法なり」と述べる。まさに存在の絶対的根源である法身そのものの原初の説法、それこそ、ありとしあらゆる教法を深層に秘める真言密教の教えと言うのである。これらすべての教法の本来的有機的な在りようを論述したのが、空海の主著とも言うべき『秘密曼荼羅十住心論』十巻なのである。

この撰述は何度も言及したように、空海の文化観、宗教観の基準を示す「法海は一味なり、機に随って浅深あり」との見解を、『凡聖界地章《ぼんしょうかいじしょう》』など多くの中国やインドの論書経典をして語らしめる形式で、まとめたものである。つまり当時の宗教文化の形態を、人びとの心の境位の在り様に相応せしめて客観的に示し、その宗教、宗派の形態がそれぞれの住心と相応しながらも、決して固定的ではなくて、深層奥底においてはすべて有機的につながり、深奥なる真言の境位を秘めているとする。

あらゆる心の境位に相応する宗教や宗派もまた、その奥底においては連関していて、これら一々の文化的、宗教的な「枠組み」つまりは構造はそれ自体が「機に応ずる」形態を示すものであって、決して固定的存在ではないと見る。それぞれの心的な境位とそれに相応する文化的枠組が融消して、本来的在りようである有機的な連関々係を示したのが、まさしく「曼荼羅」の世界そのものなのである。

若き日の頃から、常に本源へと還る仏道を求めつづけた空海は、究極の本源へと還り着くためには、「実の如く自心を知ること」(『大日経』巻一)こそ肝要と考え、存在深層の在りようを、人びとの心の在りようとして示し、その心の深まりを十種の階梯として論述したのが、『十住心論』であったのだ。

空海の『十住心論』とのかかわりで、当時、南都仏教の最長老とも目《もく》されていた護命《ごみょう》が、自ら所属する法相教学の特質を示す撰述をおこなっている。このときの撰述を後に増稿したのが『大乗法相研神章《だいじょうほっそうけんじんしょう》』五巻である。この巻三は「略顕諸宗各異門」であるが、この末尾には「老僧生年七十三」と記されているから、この撰述の少なくとも巻三に当たる部分は、弘仁十三年の撰述であったことになる。このときの撰述が、諸宗がそれぞれ異なれる法門を説くことを述べていること自体、さきの空海の『十住心論』を念頭においての著述ではなかったのか。これが後に謂わゆる「天長六本宗書」として、『十住心論』とともに、増筆改変されることになるのだが、後に触れることもあろう。

第九章　東寺の給預と衆庶の福祉——三世の如来は兼学して大聖を成ず

第一節　東寺の給預と神護寺への改称

年も降って弘仁十四年（八二三）正月十九日に、平安京の東寺が永《なが》く空海に給預されたと伝えられている。事実とすれば嵯峨天皇の最晩年のこととなるが、一説には次の淳和天皇による配慮であったとも言われる。後の「真言宗年分者三人を度すべき」太政官符によれば、「謹んで太政官の去《い》んじ弘仁十四年十一月（一本は十月）十日の符を案ずるに偁《いわ》く、右大臣（藤原冬嗣）宣す、勅を奉《う》く、今より以後、真言宗僧五十人を東寺に住せしむべし」（『類聚三代格』巻二）とあって、淳和天皇即位の後のことと思われるからである。

いずれにもせよ、東西の両寺は、桓武天皇による平安京遷都に当って、都の中央の羅城門の左に東寺、右に西寺が創建された。桓武天皇はこれら両寺の他に新都に寺陵の創建も移転も許さなかった。かつての平城京の時代の仏教勢力の政治への介入を配慮しての政策であったのだが、唯一の例外は音羽山清水寺《きよみづでら》である。一説に、この寺は、東国への征討に功績のあった征夷大将軍の坂上田村麻呂の特別の依頼に対する勅許であったと言われている。

平安新京に建立された東西二寺は、鎮護国家を祈る寺であると同時に、鴻臚館《こうろかん》をも兼ねたものであったのだが、これらの創建は簡単ではなかった。かつて平城京の大安寺は官寺であるとともに鴻臚館をも兼ねていて、外国からの使節や外来僧の多くは、この大安寺に滞留したのである。その大安寺僧の勤操《ごんぞう》はかつて造東寺別当《べっとう》を兼任し、後に西寺の造別当をもつとめ、天長四年（八二七）五月に、西寺の北院で遷化している（『性霊集』巻十）。

東寺が空海に給預された年の四月十日には、嵯峨天皇は冷然院に遷《うつ》り、右大臣の藤原冬嗣に詔《みことのり》して、皇位を皇太弟の大伴親王に譲る意志を表明している。この時、冬嗣は、ここ数年豊稔が回復せず、「若し一帝二太上皇を奉ぜば、臣（冬嗣）は天下堪え難きを恐る。臣、願わくは暫《しばら》く年《みのり》が復するを待ちて、然る後に位を伝えても、事に於て晩《おそ》からざらん」（『日本紀略』前篇）と奏上している。右大臣冬嗣は、かつての嵯峨帝即位後の平城上皇との間の二朝併立の紛争を懸念しての進言であったのだ。

この時、嵯峨天皇自身、かつての自らの即位と平城上皇との二朝併立による紛争について、「小人の言有りて、太上皇と朕をして隟《さわり》有らしむ」と述べている。このときの二朝併立については既に述べた通りである。十有四年の在位を経た嵯峨天皇は、空海をして灌頂儀礼を行なわしめたことで、平城上皇との間の蟠悪感情を拂拭し、今、母を異にせる同年齢の大伴親王への譲位を決意するに至るのである。この時、嵯峨天皇は自身ばかりか平城上皇ともども、上皇位を辞する旨を奏上したのだが、新帝淳和はこれを勅許することはなかった。その即位は弘仁十四年四月十六日であった。

　このとき空海は「天長皇帝の即位を賀し奉る表」を献上し、その上表文で「仁は往帝よりも高く、義は後辟《こうへき》を凌《しの》ぐ。明才の詩、巷《ちまた》に満《み》ち、何力《かりょく》の頌、期《ご》しつべし」（『性霊集』巻四）云々とあるのは、おそらく淳和新帝との間でも詩文のやりとりがあったことを類推せしめる。

　さきに言及した「真言宗僧五十人を東寺に住せしむべき」官符は、その官符の年月日からみて、淳和天皇の即位後のことであったことが明白となる。弘仁十四年十月十日の太政官符「真言宗僧五十人」では、「右、右大臣（冬嗣）に被《こうむ》る宣に偁《いわ》く、勅を奉《う》く、件《くだん》の宗僧等、今より以後、東寺に住せしむ。其の宗の学者は一《もっぱ》ら大毘盧遮那経《だいびるしゃなきょう》、金剛頂《こんごうちょう》等の二百余巻の経《きょう》、蘇悉《そしつ》地《じ》、蘇婆呼《そばこ》、根本有部《こんぽんうぶ》等の一百七十三巻の律《りつ》、金剛頂《こんごうちょう》菩提心《ぼだいしん》、釈摩訶衍《しゃくまかえん》等の十一巻の論等（経論の目録は別に在り）に依る。若し僧に闕《けつ》有らば、一尊法《いっそんぽう》を受学し、次第功業《くごう》有る僧を以て之を補《おぎな》え。若し僧無くんば、伝法阿闍梨をして臨時に之を度補《とふ》せしむ。道は是れ密教なり。他宗僧をして雑住せしむること莫《なか》れ」（『類聚三代格』巻二）とある。

このとき空海は真言密教を学修すべきテクストとして、謂わゆる『大日経』や『金剛頂経』の両部の大経をはじめ、梵字真言《ぼんじしんごん》、讃等、さらに密教の律としての蘇悉地《そしつじ》や蘇婆呼《そばこ》の両経や根本有部律のテクスト、そして論書としては『菩提心論』や『釈摩訶衍論』など、合して四百二十四巻の目録が提出されている。『真言宗所学経律論目録』、通称『三学録』と呼ばれるのがそれである。しかし残念ながら、この『三学録』を基本に学修せしめる真言宗僧の理念を示す空海の言及は伝わっていない。広義の理念はさきに撰述した『秘密曼荼羅十住心論』十巻にあると言うことかもしれない。

その場合、問題となるのは、さきの官符に見える「他宗僧をして雑住せしむること莫れ」の文言《もんごん》である。一本には「雑住」が「雑任」となっているが、いずれにもせよ、東寺は官寺であり、空海の私寺ではないし、空海は東寺の造営に尽力したけれども、そこに止住した記録はない。しかも当時、南都の六宗や比叡山の天台宗はそれぞれ年分度者を有する国家公認の宗であったのだが、同じレベルで年分度僧を有する真言宗は未だ存在しなかったのである。だから、さきの官符で「今より以後、真言宗僧五十人を東寺に住せしめ」るとする「真言宗僧」とは、セクトとしての真言宗に属する僧と言うことではなくて、様々な仏教宗派を基盤として、専《もっぱ》ら真言秘教を主要に重視して学修する僧を意味している。

だからその官符で「他宗僧の雑住」云々とあるのは、東寺においては旧来の諸宗のみの学習は不都合だし、また無意味だと云うことを示唆していると解すべきだろう。残念ながら、空海が東寺において具体的にどのような真言の宗僧の指導をしたのか、まったくわかっていない。或はこれら真言宗僧への指導は高弟の実恵《じちえ》等に一任して、自らは高雄山寺との間を往復しながら、東寺の講堂、塔などの建立に力を尽したのではなかったのか。

一説に、この年すなわち弘仁十四年十二月一日には、太政官符により、空海をして東寺において「僧徒等を率《ひき》いて真言教を讃揚し、禍《わざわい》を転じ福《さいわい》を修し、国を鎮《しず》め家を護《まも》れ」との勅命で、鎮護国家の祈願を行ぜしめるとするも確《たし》かではない。ただ、この年十月十三日には皇后院において、空海をして息災の法を行ぜしめ、同じ年の十二月二十三日には、空海等をして清涼殿で大通方広《だいつうほうこう》の法を終夜修せしめている（『日本紀略』前篇十四）ことにも留意すべきだろう。

年も改って天長元年（八二四）二月には、空海は勅を奉じて神泉苑《しんぜんえん》で祈雨の修法を行じたとの伝承があるから、前年来の天候の異変の対処としての修法がつづいたのかもしれない。『今昔物語』十四でも「弘法大師、請雨経法を修して雨を降らす語《かたり》、第四十一」と語り伝えている程である。

ちなみに、空海には「雨を喜ぶ歌」が残っているが（『性霊集』巻一）、この名文が神泉苑での祈雨にかかわったときの歌であったか否かは別として、自然の摂理に耳や眼を向けることなく、聖者の言をも無視して、本来自分自身がそなえている清浄なる心にも目覚めることなく、自然の摂理にそむき、本能の赴くままに、ただ自己の利便性と豊かさのみを求めて暮しをつづけるとしても、人の心と自然の環境は根底においてはつながっていると言うのが、存在の真の在りようである。人はまさに母なる大地の子なのだ。自己の利便性と快適性のみを求めての自然への関与は、やがては自分自身の破滅をもたらすことになる。かくて空海は「我れ仏言を以て好心に通ぜん」として「朝朝、一たび自心の言を観ぜよ。自心はまた、是れ三身の土、五智の荘厳、本より豊かなり、知らんと欲《おも》わば、先ず灌頂《かんじょう》の法に入れ」云々と詠じている。

つまり、「私は仏の言葉であなた方の本来のよき心を開示しよう。男も女も、もし万物の存在の根源である真言《しんごん》の一字、阿《あ》字の顕現《あらわれ》たることを知れば、自分の心を真に観察することで、自分自身の心が実はあらゆる仏の棲《す》み家なのであり、自心とつらなる自然の環境もまた自《おのず》から豊かになってくる。この存在の本来的な在りようを知ろうと思えば、まずは真言密教の灌頂の法を受けるべきだ」と言う程の意味になろうか。

この年三月、空海は僧綱《そうごう》すなわち仏教界を統括する中央の僧官の上席、少僧都《しょうそうず》に直任される。一旦はその任に非ずとして辞退するのだが（『性霊集』巻四）、允許《いんこ》されることはなかった。このときの「少僧都を辞する表」のなかで、「空海、弱冠より知命《ちめい》に及ぶまで、山藪を宅《いえ》とし禅黙を心と為す。人事を経ず、煩砕《はんさい》に耐えず」云々として、僧綱職の任に非《あら》ざることを上表している。弱冠は二十を意味し知命は五十を指す（『論語』）。この頃、空海は東寺と高雄山寺を往復する生活であったと思われる。

天長元年（八二四）六月には、空海は「造東寺別当《べっとう》」に補せられているが、この翌月には平城上皇が崩じている。そしてその年の九月には高雄山寺が定額寺《じょうがくじ》すなわち国分寺に準ずる官寺となり、一定量の経済的支給をうけ、一定人員の官僧が置かれる寺院となる。この措置は、高雄山寺の檀越《だんおつ》であった和気仲世《わけのなかよ》が高雄山寺を空海に預《あず》けたことによるものであり、このとき空海は寺名を神護国祚真言寺《じんごこくそしんごんじ》と改めて、「一《もっぱ》ら大悲胎蔵および金剛界等に依り、真言を解する僧二七人《にしち》を簡《えら》び、永く国家の為に三密《さんみつ》の法門を修行」する寺としたのである（『類聚三代格』二）。天長元年九月二十七日の治部省へあてた太政官符が残っている。『日本紀略』の天長元年九月二十七日条には「高雄寺を定額寺と為す」とある。

ここに至って、空海は東寺、高雄の神護寺そして高野山寺とのかかわりのなかにあって、高野の峰の開創がいかように進められていたかは未詳である。一説に高弟で甥の智泉《ちせん》がその任に当っていたとするも、智泉が高野寺の開創にかかわっていたことに言及するのは、江戸期に懐英《かいえい》（一六四二―一七二七）が編んだ『高野春秋編年輯録』が最初であるが、信憑性に欠ける。その智泉が天長二年二月、一説には五月に逝去する。世寿わずかに三十七歳であった。このとき空海は「亡《な》き弟子智泉が為の達嚫文《だっしんもん》」を撰し、滂沱《ぼうだ》と流れる涙ながらに亡き弟子智泉の徳を称《たた》え、自らの悲嘆のおもいを吐露《とろ》している。「念《おも》えば亡《な》き我が法化《ほうけ》、金剛子《こんごうし》の智泉は、俗家にては我《われ》を舅《おじ》と謂《い》い、道に入りては則ち長子なり。孝心有りて我《わ》れに事《つか》うること今に二紀《にき》（二十四年）」として、他人の非を決してあげつらわず、また怒《いか》りを顔に出さず、修行するときも寺にあるときも、常に影のように随って離れず、股肱《ここう》のごとくにいつも相い従ってくれた。「吾れ飢《う》うれば汝もまた飢え、吾れ楽しまば汝も共に楽しむ」として、いつまでも仏道を伝えつづけて欲しいと願っていたのに、「豈図《あにはか》らんや、棺槨《かんかく》を吾が車に請《こ》い、有慟《うどう》を吾が懐《おもい》に感ぜしめんとは。哀《かな》しい哉、哀しい哉、哀が中の哀なり。悲しい哉、悲しい哉、悲の中の悲なり」云々と涙ながらの別れのことばを綴っている。「孔子が亡き弟子の顔回のために、車を売って棺を求めたように、弟子の智泉に先立《さきだ》たれる激しい悲しみをわが心に味わおうとは思いも及ばぬこと、悲哀のおもいにたえられない」といった意味になろうか。人間空海の心のうちを見る思いが強い。

第二節　綜藝種智院の創立

東寺の塔堂建立につとめながらも、天長四年（八二七）三月には「上都、神護国祚真言寺沙門遍照金剛」として、空海はかつての東国への密蔵法文の宣揚に際して交わりを結んだ下野《しもつけ》の東山僧広智に、「十喩を詠ずる詩」を自ら書いて贈っている。交友の幅広さを示す一例であろうが、この「十喩の詩」を修行者の明鏡、求仏の人の舟筏《しゅうばつ》として、「一《ひと》たび誦ずれば塵巻《じんかん》と与《とも》んじて義を含み、一たび観じ念ずれば沙軸《しゃじく》と将《とも》んじて、以て理を得」(『性霊集』巻十)とするのは、自ら詠じた詩が真言そのものと言っていることになる。

実に「まこと」の「ことば」の唱誦であり、空海の面目躍如たるものを感ずる。その「十喩」とは「如幻の喩」から「陽燄《ようえん》の喩」ないし「旋大輪の喩」に至るものだが、此の現実世界は現象としてはすべて幻のごとき実体なきものでありながらも、すべての存在は本来的本質的に自己の心と一体なるものとして、有機的につらなっていることを悟るべきであると詠じ、この「十喩を詠ずる詩」を一度《ひとたび》諷誦すれば、万巻の経論と同じく、深甚なる意義を観じ、一度《ひとたび》念ずれば、無数の巻軸が示す真理を体得できるだろうと書き添えている。文筆の達人たることを知らしめることにもなっている。

この年、すなわち天長四年五月には、中納言の良峰安世《よしみねのやすよ》や東宮学士の滋野貞主等が、勅を奉《う》けて漢詩文集の『経国集《けいこくしゅう》』二十巻を撰進しているが、そのなかに空海の詠詩も幾つか収載されている。平安初期の漢文学の全盛を示すものであるが、他方また「文章は経国の基《もとい》」の発露であったとも言えるだろう。

この年五月二十八日には、空海は仏教界を統轄する僧綱《そうごう》職の最高位である大僧都《だいそうず》に任ぜられてもいる（『続日本後紀』巻四）。しかし空海の生涯において、どうしても看過できないことは、空海が世界ではじめて私立の大学を創立し、教育の機会均等を実現した事実である。

わが国に大学（正式には大学寮）が設立されたのは、都が大津にあった天智天皇の時代であった。当然ながら唐国の教育制度を模してのことであったのだが、それは儒教精神にもとづく官吏養成の機関としてであった。「大宝律令」の時代には式部省《しきぶしょう》の所管とされ、「学令《がくりょう》」という法律のもとに運営されることとなる。当初は教科としては「本科」と、それに付随する算道《さんどう》、書《しょ》道《どう》の両学科が置かれた。

奈良中期頃からは、「本科」から「文章《もんじょう》」と「明法《みょうほう》」の二道（学科）が分かれ、平安時代になると本科は「明経道《めいけいどう》」となり、その他に明法道、文章道、算道の四道の制が確立する。その中核は儒教思想を基盤とする明経道であり、政治学科とも言うべき存在であった。すでに述べたように、空海は十八歳で、この明経道に入学したのである。

大学の職員には学長に当たる大学頭《だいがくのかみ》、介《すけ》があったが、各道（学科）には主任教授とも言うべき博士《はかせ》が一人、助教《すけはかせ》が二人、直講《じきこう》三人が配置されていた。大学に進みうる学生は戸主が五位以上の子弟に限られていて、一般民衆にとっては全く無縁の存在だったのである。

ただ「若《も》し八位以上の子、情《こころ》に願わば聴《ゆる》せ」（「学令」第十一）と規定されていて、大学は都にただ一校のみであったが、地方にはそれぞれの国の財力に応じて国学《こくがく》が置かれて、もっぱら地方官僚の養成にかかわり、これもまた一般民衆にとっては全く無縁の存在であったのだ。

大学は国家官僚を養成する教育機関であったから、明経道が中核をなしていた。そこでの履修すべきテクストは、大経の『礼記《らいき》』『春秋左氏伝《しゅんじゅうさしでん》』、中経としての『毛詩《もうし》』、『周礼《しゅうらい》』、『儀礼《ぎらい》』、小経としての『周易《しゅうえき》』『尚書《しょうしょ》』であり、大経と小経から各一経を選択履修するか、中経のみならば二経、もし三経を選択履修するものは、大経、中経、小経から各一経を自由選択することになっていた。

すでに述べたように、空海は大学にあっては『左氏伝』『毛詩』『尚書』の三経コースを履修していたと伝えられている。これらのテクストには鄭玄《じょうげん》や王弼《おういつ》などの注釈書があったのだが、その注釈書も「学令」で特定のものに限られていた。

幾度も言及するようだが、当時の大学は官吏養成の機関であり、大学での所定の課程を卒《お》えたもののみに、官僚登庸試験の貢挙試《ぐこし》を受ける資格が与えられたのである。極言すれば、当時は貢挙試に合格しなければ、大学での在学自体はほとんど意味を有し得なかったのである。そのために奈良時代後半あたりから平安初期にかけて、有力な豪族は自らの氏族の子弟を養育するための機関を設立しはじめていた。

たとえば吉備真備は「二教院」を設立して、儒仏二教の特質と共通性を学ばしめた。すでに述べたように、当時、知識人の間には仏典を読むことが一般教養の学として流行していたし、時として、高級官僚への登龍門としての対策試《たいさくし》には、しばしば儒教と仏教との思想的ないしは実利的な相違についての比較論が出題されたのである。同じ高級官僚であった石上宅嗣《いそのかみのやかつぐ》は自宅を阿閦寺《あしゅくじ》として、その境内に「芸亭院《うんていいん》」という謂わば公開図書館を開設し、儒仏二教の学習に便たらしめた。

注目すべきは、この「芸亭院条式」には「内外の両門は本《もと》、一体なり。ようやく極《きわ》まり異なるに似たり」とあるのは、『顔子家訓《がんしかくん》』からの援引と思われるが、若き日の空海が三教整合論を主張することへの影響も無視できなかったであろう。その後、藤原冬嗣は「勧学院」を創立し、和気氏は「弘文院」、菅原氏は「文章院」、橘氏は「学館院」をそれぞれ設けたのだが、そのいずれも、それぞれの氏族の子弟を寄宿せしめ大学に通学させながらの教育指導のための施設であった。

当時の教育機関は謂わば特定の貴族の子弟に限られていた。しかし人びとの間に、社会的地位や職業の区別はあり得ても、基本的な人権に本質的差別などあろう筈もなく、空海は一般庶民への教育を本格的に考え始める。その思考の根底には、人みなすべて生来絶対に平等であり、自己も仏も衆生も、その心は本質的本来的に絶対平等であるとの確信を有していたからである。

この頃、大学の貴族化に異を唱える人もいなかったわけではない。空海と同時代の都腹《みやこのはら》赤《あか》（七八九―八二五）がその一人である。当時、彼は正五位下の位階を有する大学の文章博士《もんじょうはかせ》であった。つまり大学文章道の主任教授であり、高級貴族の子弟を教えていたのである。彼は「高才、未だ必ずしも貴種ならず。貴種、未だ必ずしも高才ならず」として、大学の学生には家柄ではなくて才能を重視しての採用でなければならぬと主張した。そして、大学は天下の俊才が集まり、海外の英俊がならび集《つど》う処でなければならないと唱えたのである。しかし都腹赤自身、直接に教育機関の改革を実現せしめることはなかったのである。

空海は親交のあった前《さき》の中納言藤原三守《みもり》の旧宅と土地との提供をうけて、ここに一般庶民の教育機関である「綜藝種智院《しゅげいしゅちいん》」を創立した。その設立の趣旨を述べたのが「綜藝種智院の式并びに序」である。この冒頭で「辞せし納言《なごん》の藤大卿《とうたいけい》に左九条の宅《いえ》有り。地は弐町余り、屋《おく》は則ち五間なり。東は施薬慈院に隣《となり》し、西は真言の仁祠《じんし》に近し」とあって、この綜藝種智院は都の左九条にあり、施薬院の西、東寺の東に位置していて、教育施設としては最適の環境であると言う。南北には湧泉が鏡のように澄みきり、左右には小川が流れて松や竹が生い茂っていて、風が吹けば琴箏を奏《かな》でるようであり、梅の花や柳の緑《みどり》が雨気に催されて、あたかも錦繍のように美《うる》わしく、春には鶯が囀《さえず》り、秋には鴻雁《かり》が飛びゆくとして、その環境の清涼さを表現している。

「貧道、物を済《すく》うに意《おもい》有りて窃《ひそ》かに三教の院を置かんことを庶幾《こいねが》う。一言響を吐けば、千金即ち応ず」とあって、庶民のための教育への思いに藤原三守などが深き理解と援助をしてくれたことを述べている。しかしすべての人びとが空海の思いに賛成したわけではない。「或いは人有りて難じて曰く、国家は広く庠序《しょうじょ》を開いて諸藝を勧《すす》め励ます。霹靂《へきれき》の下《もと》には蚊響《ぶんけい》何の益か有らん」と言うのが、それである。

現に国家は広く学舎を開き、大学や国学で諸藝を教えているではないか。このような霹靂のもとでの小さな蚊の鳴き声にも似た一私学の設立など、世間に一体どのような利益をもたらし得ると言うのか、と云うわけ。しかしそこでは大学、国学が特定の貴族の子弟のみを対象として広く一般庶民にはかかわりのないことへの言及は見られない。それが当時の常識であったのだ。

空海はこのとき、わが国には平安京に大学がただ一校あるのみであり、他に誰でもが学べる勉学塾は皆無である。その大学とても入学には身分による制限があってみれば、貧賤なる子弟には無縁の存在となる。今、藤原三守など多くの理解と援助によって、「本願忽ちに感じて」綜藝種智院の設立をみたのである。「綜藝」とは『大日経』具縁品に阿闍梨《あじゃり》すなわち良き指導者の資格として「応《まさ》に菩提心を発《おこ》し、妙慧と慈悲とがあり、兼《か》ねて衆藝《しゅげい》を綜《す》べる」べきことが説示されることに由来する。また「種智」とは『大品般若経』六喩品で「一切種智を用いて一切法を知り已《おわ》る」とあるのに依っての名称である。いわゆるユニヴァーシティを意味していて、学問も教育も総合的に修め習うべきものと考えていたのである。
「若《おもん》みれば、夫《そ》れ九流六藝は代《よ》を済《すく》う舟梁《しゅうりょう》、十歳五明は人を利するの惟《こ》れ宝なり。故に能《よ》く三世の如来は兼学して大覚を成じ、十方の賢聖は綜通して遍知（仏のさとり）を証す」と記し、「未だ有らじ、一味に美膳を作《な》し、片音《へんいん》に妙曲を調《しら》ぶる者は」とするのは言い得て妙である。しかし現実には「毘訶《びか》の方袍《ほうぼう》は偏《ひと》えに仏経を翫《もてあそ》び、槐市《かいし》の茂廉《ぼれん》は空《むな》しく外書《げしょ》に耽《ふけ》る」と批判する。

つまり現今のわが国では寺院の学僧らは専《もっぱ》ら仏典のみを読むことで談論をかわし、大学の俊秀とても仏典以外の典籍のみを読みふけって、人の在るべきようがわかった気になっていて、それぞれの学びにはかたよりが見られるのだ。それ故に、今ここに綜藝種智院を創設することで、広く三教全般にわたる多くの学匠たちを招き、人びとをして真の在りように気づかせしめ、真理の世界へと駆りたてようと願う次第であると言う。

「物の興廃は必ず人に由る、人の昇沈は定めて道に在り」と言うのが空海の教育に関する基本原理であった。かくて理想的教育の四条件を提示して、「処・法・師・資」をあげる。最初の「処」とは教育の環境をさす。『論語』里仁篇の「里は仁を美と為す。択《えら》んで仁に処《お》らずんば焉《いずく》んぞ智を得ん」を援引して、理想的教育は地理的にも風俗的にも、美風のある処、さらには仁者のとどまる所と云うことになろう。孟母三遷の伝承をまつまでもなく、教育にとってその環境はきわめて重要であるが、藤原三守から譲られた左京九条の地は、まさしく学舎として最適の場処であったのである。この学舎の西側には、それ程遠くない処に白虎《びゃっこ》の大道があり、南には朱雀《すざく》通りに面して沢もあって、逍遥するのにも最適な場所であったのだ。

第二の「法」とは教育のカリキュラムを指す。「菩薩は菩提を成ぜんが為に、先ず五明《ごみょう》の処に於て法を求む」との『十地論』の一節を引いて、総合的学習の肝要なることを示す。ちなみに五明とは古代インドにおける学問の分野を述べたもので、具体的には声明《しょうみょう》（言語学、音韻学、文法学等）、工巧明《くぎょうみょう》（工藝学、土木工学等）、医方明（医学、薬学）、因明《いんみょう》（論理学）、内明（宗教学、仏教学）を指す。更に『論語』では六藝（礼、楽、射、御、書、数）の学問分野があげられ、『大日経』でも「衆藝を兼《か》ね綜《す》べる」ことが伝教の阿闍梨の必須条件とされているところから見ても、空海は真俗両面にわたる総合的な教育を目指していたことはわかるとしても、この「綜藝種智院式并びに序」には具体的なカリキュラムへの言及は見られない。

いかに環境（処）がすぐれ、カリキュラム（法）が完全であったとしても、教師なくして教育は成立しない。第三の「師」がそれである。「師を招く章」において道俗の師の在りようについて詳細に記述している事実は、教育にとって教師が何よりも大きな役割を担《にな》い、最も重要な要素たることを示唆している。その「師に二種有り。一には道、二には俗。道は仏経を伝うる所以《ゆえん》、俗は外書を弘むる所以なり」としながらも、「真俗離れずというは我が師の雅言なり」とあるのは、まさしく空海の思想的特質をこよなく示唆していると言うべきであろう。異なった教えを排除することなく、「法海は一味」として、すべては本質的有機的につながっているると見るのが、空海の生涯変ることなき世界観であり、幾度も言及したように、その在りようを「曼荼羅《まんだら》」と言うのである。

この綜藝種智院は三教院とも言われるが、「道人伝受の事」においては「右、顕密二教は僧の意楽《いぎょう》なり」と記されているから、仏教についても一般の仏教（顕教）と真言秘蔵の密教の両方を専攻できたと言うより、顕密二教にわたって学修せしめたことがわかる。しかもここでは更に「兼ねて外書《げしょ》に通ぜんとならば住俗の士に任《まか》す」とあるから、僧分で顕密二教を学ぶものも、なお一般的学問をも俗博士について学ぶべきことが奨励されている。かくて教師は、僧分の場合、「心を四量《しりょう》四摂《ししょう》に住して、労倦《ろうけん》を辞せざれ。貴賤を看《み》ることなくして、宜《よろ》しきに随って指授せよ」とある。

「俗の博士、教授の事」では、「右、九経九流、三玄三史、七略七代、若しは文、若しは筆の書」とあるから、儒教、道家、荘子などのほかにも、中国古代の詩賦（文）や散文（筆）などの文筆論にも及んでいたことがわかる。まさしくユニヴァーシティである。この俗博士についても、「貴賤を論ぜず貧富を看《み》ず、宜《よろ》しきに随って提撕《ていぜい》し、人を誨《おし》えて倦《う》まざれ」とある。

最後に「資」とは学資を意味している。当時の大学は謂わゆる「勧学田《かんがくでん》」を運営の経済的な基盤としていた。空海の綜藝種智院も例外ではなく、多くの理解ある有志の人びとからの援助によって勧学田が設けられ、そこからの収益が学園の運営に充当された。そしてここで留意したいのは、わが国における公益の信託事業は、綜藝種智院の運営にかかわって、空海によってはじめて考案実施されたのではないかとの予想が、一部の経済学者によって示唆されている事実である。

いずれにもせよ、空海は「師資糧食の事」で「夫《そ》れ人は懸瓠《けんこ》に非ずというは孔丘の格言なり。皆《みな》食に依って住すというは釈尊の所談なり」として、人はぶらり瓢簞《ひょうたん》ではなく、生きてゆくためには食は不可欠と言う。かくて「然《しか》らば則ち其の道を弘《ひろ》めんと欲《おも》わば必ず須《すべか》らく其の人に飯《はん》すべし。若しは道、若しは俗、或は師、或は資、学道に心有らん者には、並《なら》びに皆な須《すべか》らく給すべし」として、驚くなかれ、教師はもとよりのこと、学生に対しても完全給付制を採用したのである。

現在、わが国の政府が施行しようとする教育の無料化を、空海はすでに一千二百年も以前に実際に実行していたのである。まさに世界の教育史にあっても特筆すべきことであったと言えるだろう。

第十章　真言の醍醐――法海は一味の帰結

第一節　如来の説法に浅略趣と秘密趣とあり

天長七年（八三〇）四月頃に、淳和天皇は仏教各宗に対して、その宗旨を撰述して上進するように命じている。それが一体何の為であったのか未詳であるが、この時に空海が撰述した『秘蔵宝鑰《ひぞうほうやく》』巻中の冒頭近くで、仏教諸宗の特質に言及するのに先だって、憂国公子と玄関法師を登場せしめて、仏教が国家に果し得る役割について論ぜしめている事実が、極めて示唆に富む。古くから各宗に国家が認めてきた年分度者《ねんぶんどしゃ》は、文字通り「年」つまりは「稔」を確実ならしむることを本分とする出家得度者であったのだ。

時としてその本分に反する僧分がいたことも事実であったろう。しかし本分に背《そむ》く者は必ずしも僧分に限らず、天下の多くの工人や役人にも認められるところとして、仏法そのものが人びとや国家の安寧にとって、いかに必要かを、実に長々と論じ合わせている。もっとも、このとき、真言宗としての年分度者は存在していない。空海が真言宗年分度者の制を国家に申請するのは、もっと後の承和二年（八三五）の正月、高野山において入定（入寂）する僅かに二か月前のことであったのである。

話しを本題に戻そう。この時、淳和天皇の勅命に応じて上進された各宗の撰書は、比叡山の義真の『天台法華宗義集』一巻、元興寺の護命が撰した『大乗法相研神章』五巻、大安寺の玄叡が著わした『大乗三論大義鈔』四巻、唐招提寺の豊安の『戒律伝来記』三巻、東大寺の普機『華厳一乗開心論』六巻、それに空海の『秘蔵宝鑰』三巻である。

すでに述べたように、護命は弘仁十三年（八二二）に『略顕諸宗各異門』を撰述し、そこには「老僧生年七十三」と書きとめていた。さきに言及したように、この時の撰述は空海の『秘密曼荼羅十住心論』十巻とのかかわりを有することを示唆している。同時にまた弘仁八年（八一七）以来、最澄と東国の徳一との間でかわされた熾烈な三一権実論争《さんいつごんじつ》とのかかわりをも考慮し得るであろう。護命がこの「略顕諸宗各異門」に加筆して五巻としたのが『大乗法相研神章』五巻だったのである。

この序で「護命、幸いに昌運に遇《あ》い、久しく道家を経て、年歯八十」としながら、巻三「略顕諸宗各異門」での「老僧生年七十三」とあるのを消除してはいない。『研神章』の序の末尾には「時に天長七年歳次庚戌建巳の月なり」とある。「建巳の月」とは四月を指す。この時、護命は実際は八十一歳であった。

空海もまた、この時には、当初、弘仁十三年に撰述していた『十住心論』十巻を上進しようと考えていた。しかしこの時に淳和天皇が各宗に求めたのは、それぞれの宗旨の特異性を明示せしめることにあった。そうだとすれば、仏教各宗の住心の境位に高下の差異と認めながらも、中国やインドの諸宗教の住心をも含めて、実質的にはすべての住心が有機的に連関して一味とする『十住心論』は必ずしも勅旨に適《かな》うものではなかったことになる。

かくて空海は新たに「十住心」の境位の差異と優劣とを明示する形態の『秘蔵宝鑰』三巻を撰述することになる。この撰著では少なくとも表面的には十住心の境位の優劣の差異が強調されて、そこには謂わゆる「深秘釈《じんぴしゃく》」つまり各住心の深層領域における同質性、平等性への直接的な言及は認められない。仏教諸宗とのかかわりに言及するのは巻中の第四住心以下であるが、第四の唯蘊無我心《ゆいうんむがしん》の段階を仏教の世界観に目覚めた声聞《しょうもん》の教えに該当せしめる。前述のように、この段では冒頭に国家と仏教とのかかわりについての討論を出すなかで、儒教と道教および仏教の「三教は皆な是れ一人《いちにん》の弘伝《ぐでん》する所なり」と明記するのは、空海の終世変ることなき宗教観を示すものとして留意すべきであろう。

『十住心論』において特にその傾向が強く示されているのは、その撰述の時期と動機にかかわってのことであろう。両撰述ともに、第四住心以下を仏教の境界として、第四の唯蘊無我心《ゆいうんむがしん》の境位は仏教の世界観に目覚めた声聞《しょうもん》の教えに該当せしめる。次いで第五の抜業因種心《ばつごういんしゅしん》を十二縁起の理法を観想して生死の世界を厭う独覚乗《どっかくじょう》（縁覚《えんがく》乗とも）の境位とする。第六の他縁大乗《たえんだいじょう》心《しん》を存在の実相に思いを潜《ひそ》めて、すべてを救済しようとの誓いをたてる境位とし、これを大乗仏教の法相宗の立場に比定する。以下、第七の覚心不生心《かくしんふしょうしん》を物と心とを不二一体として如実に自覚する境位として、八不中道の原理を明かす三論宗に該当せしめる。第八の一道無為心《いちどうむいしん》（如実一道一心とも）の境位を、心を含めた万象を一如と悟り、すべての存在は本質的本来的に清浄であり無碍全一《むげぜんいつ》と悟る段階で、この心の境位を天台宗の立場とする。かくて第九の極無自《ごくむじ》性心《しょうしん》を、あらゆる存在は人も自然界も、固定的実体としてでなく、すべて融通無碍《ゆうづうむげ》に有機的にかかわりあった関係性において存在していることを、如実に悟り得た境地であって、これが華厳宗《けごんしゅう》の立場であるとする。

　これら九種の住心の究極的な在りようこそ、第十の秘密荘厳心《ひみつしょうごんしん》の境地であって、すべての住心の深層へと沈潜して、原存在の境位を自覚し、自心の本源へとたち還った境界を示すと言う。『秘蔵宝鑰』三巻は、謂わば淳和帝の要請に応える形で、あらゆる文化、宗教、そして仏教の各宗派を人の心の浅深に比しながら、その教判を縦に論及したものと言えるだろう。

だから、この『宝鑰』三巻には『十住心論』に認められた各住心を隔絶する壁はないとする「深秘釈《じんぴしゃく》」は認められない。いつの頃からか、この『秘蔵宝鑰』と『十住心論』とは同じ内容の撰述として、『宝鑰』のみの伝承で足れりと考えられたのか、『十住心論』のテクスト自体、最末尾の部分が消失してしまっている。現在でも、この両書の真の撰述意図が理解せられていないかに見えるのは、残念である。異質な文化は異質ながらも、すべてが棲《す》み分《わ》けて整然と調和ある集合体を形成していると見るのが、空海の「曼荼羅《まんだら》」の世界観なのである。

このような諸宗乗の思想の有機的連続性の在りよう、つまりは曼荼羅的な構成を一つの経典、それも最もポピュラーな仏典である『般若心経』のなかに読み込んだのが、『般若心経秘鍵』一巻である。題簽の下に「遍照金剛撰」とあるから、空海晩年の著作の一つであったろう。

漢字文化圏にあって、この『般若心経』ほど幅広く読誦された経典は他に比類を見ない。現在知られるだけでも、その漢訳は十一種もあって、最も古いものは呉支謙《ごしけん》が二二三年に訳出した『般若波羅蜜呪経』であるが、残念ながら現存しない。それに次いで四〇二年に鳩摩羅什《くまらじゅう》が訳した『摩訶般若波羅蜜大明呪経』があるが、文末には「略讃」が付加されていて、「功徳《くどく》を受持すれば、能《よ》く十悪五逆等の罪を除く」とあって、この経を読誦することで、あらゆる罪障が除かれると言う。

事実、この『般若心経』のなかに「五種の存在要素（五蘊）はすべて実体なき在りようにおいて存在することを明確に知り得たとき、あらゆる苦厄が除かれる」と云う文句が挿入されているし、この経の文末には実際に「般若波羅蜜多はこよなき呪、すなわち陀羅尼のほかの何ものでもないことを知り得たとき、能《よ》く一切の苦を除き、真実にして虚《むな》しからざる悟りの境地へと導かれる」と説かれている。つまり、この『般若心経』は本来、陀羅尼であり明呪であったことがわかる。支謙や羅什が、この経を「般若波羅蜜多の呪」とか「大明呪」としている事実にも留意すべきであろう。

しかし三蔵法師と尊称される玄奘《げんじょう》が六四九年にこの経を翻訳して『般若波羅蜜多心経』として以来、それ以降の翻訳者はすべてこの経題を踏襲することになり、やがてはこの経は大乗仏教の般若・空の心髄を端的に説く経と目されるようになる。たしかにこの経の文字の表層を読みつづける限り、そのように見えなくもない。しかし幸いにも、この経典の梵文原典が敦煌文書のなかに幾つか見出せるけれども、八世紀中葉に、わが国に齎《もたら》された法隆寺貝葉《ばいよう》には、般若心経と仏頂尊勝《ぶっちょうそんしょう》陀羅尼《だらに》とが悉曇文字の梵語で印刻されている。つまり『般若心経』は「尊勝陀羅尼」などと同じように陀羅尼つまりは呪として読誦されていたことがわかる。事実、敦煌文書に見られる『般若心経』の梵本には、冒頭に帰敬頌は見られても経題は認められない。そして文末に「以上、般若波羅蜜多のフリダヤが畢《おわ》りぬ」（iti prajñāpāramitā-hṛdayaṃ samāptam）となっている。

この「フリダヤ」を支謙や羅什は「呪」とか「明呪」と訳していた。「フリダヤ」には陀羅尼とか呪の意味があるのだが、その原意は「心臓」を指すところから、玄奘は『般若波羅蜜多心経』と訳したのである。後に言及するように、確かにこの「心経」では「色は空に異ならず、空は色に異ならず」で始まる「一切皆空」が説かれているけれども、その一切皆空を種々に説く文字の深層には、仏母である般若菩薩の心臓《フリダヤ》である陀羅尼、真言、呪を解き明かした経典と明言するのは、インド哲学者の佐保田鶴治博士である。「色は空に異ならず、空は色に異ならず」云々の散文の部分は万能薬である呪の効能書きとするのは、ドイツのインド文献史家のウィンテルニッツも同様であるが、同じ趣旨のことはつとに空海によって、この『般若心経秘鍵』において説示されているのだ。

空海自身は『般若心経』を『陀羅尼集経《だらにじっきょう》』巻三の「般若波羅蜜多大心経」と『般若理趣経《はんにゃりしゅきょう》』との有機的関連性に基《もと》づいて読み解くのだが、この『般若心経秘鍵』において、「或《ある》ひと曰く、大般若経の心要を略出するが故に心と名づく」との説を批判して、この『般若心経』自体を「諸教を含蔵せる陀羅尼」とし、この経の末尾に見える呪すなわち陀羅尼そのものに集約されるのであって、これら一々の字は「諸蔵の行果を呑《の》み」「顕密の法教を孕《はら》み、一々の声字は歴劫の談にも尽きず。一々の名実は塵滴の仏も極《きわ》めたまうことなし。是の故に誦持講供《じゅじこうく》すれば、則ち苦を抜き楽を与え、修習思惟《しゅじゅうしい》すれば、則ち道《どう》を得、通《つう》を起す。甚深の称、誠に宜《よろ》しく然《しか》るべし」とも述べている。

しかしながら少なくとも、この経典の文字の表層的意味を読み進めてゆく限り、「色《しき》は空《くう》に異ならず、空もまた色に異ならず」と云うのは、存在そのものは本来的には実体なき在りようにおいて在るのだが、しかしその実体なきこと自体こそが存在を存在たらしめていると云うのである。謂わゆる三種にわたる融通無碍《ゆうづうむげ》の在りようから説を進めていることが読みとれる。この経を読み解くに当って、空海はこの経の基底をなすと思われる『陀羅尼集経《だらにじっきょう》』巻三の「般若波羅蜜多大心経」と『般若理趣経』との三経を不可分のものとして対比することで、その真実義を明らかにしてゆく。

その『般若波羅蜜多大心経』では、梵天が世尊に質問して、「我れ今、至心に楽《ねが》わくは、般若波羅蜜多の不可思議なる功徳を聞かんと欲す」と尋ねる。これに応答して世尊は「我れ他化《たけ》自在天《じざいてん》の中において、略《ほぼ》、呪《じゅ》と印《いん》を説けり」としながらも、今一度、梵天のためにその概要を説こうと言って、般若菩薩の像画法、般若の印契《いんげい》つまり悟りの境地を表示する標幟（手印）、と呪つまりは真言を説き、その印契や明呪による般若壇法《はんにゃだんぽう》すなわち深き瞑想の修法《しゅほう》を説示する。この『大心経』では般若の印が十三種、呪が九種説示されるが、そのなかの「般若大心陀羅尼」が、『般若心経』の末尾にある明呪と全同である。

この『般若波羅蜜多大心経』で釈尊が言及していた「我れ他化自在天の中に於て略《ほぼ》、呪と印を説けり」と言ったのは、まさしく『般若理趣経』自体を指していると空海は理解する。その『般若理趣経』の冒頭では大毘盧遮那《だいびるしゃな》如来が欲界の他化自在天の王宮のなかに在《いま》して、「一切の法の清浄なる句門」等々を説きしものとされるからである。

かくて空海は『般若心経』の長行（散文）の部分を『般若理趣経』との対比において読み進めて、「色は空に異ならず、空は色に異ならず」云々の一節を、『般若理趣経』における一切平等建立如来の所説の段に相応するとして、この部分を「建」の段とし、この如来は顕教では普賢菩薩と呼ばれているから、この段を普賢菩薩所説の華厳《けごん》の教説に該当せしめるのである。紙面の関係で、その詳細にわたる空海の読み解きを示し得ないのが残念である。

かくて、以下順次に「諸法は空相にして生せず滅せず」云々の部分を、『般若理趣経』の一切無戯論如来の所説に相応するとする。この如来は顕教では文殊菩薩と呼ばれるから、この部分を文殊の所説である三論宗の教旨に相応すると言う。「是の故に空の中に色なし」から「ないし、意識界も無し」に至る部分を『般若理趣経』での能調伏持智拳如来の説示の箇所に相応するとして、この如来の顕教での名称である弥勒菩薩の境位たる法相宗の立場を示すと言う。

続く「無明も無く、ないし、無明の尽くることも無し」云々の一節は『般若理趣経』には該当する説示は見られない。この箇所は、まさしく釈尊が当初説法された声聞《しょうもん》と縁覚《えんがく》の二乗の教旨を示しているからである。空海はそれぞれの段末で、各々の教説の核心を偈頌で示しているのだが、その二乗については、声聞乗の境地を「白骨に我れ何《いづく》にか在る、青瘀《しょうお》に人《にん》、本《もと》より無し、吾が師は是れ四念《しねん》なり、羅漢《らかん》また何ぞ虞《たの》しまん」と詠じ、縁覚乗の境地を「風葉に因縁を知る、輪廻《りんね》、幾《いくばく》の年にか覚《さと》る、露花に種子を除く、羊鹿《ようろく》の号、相連《あいつら》なれり」とする。

「人びとが死して白骨となってゆくのを見よ、一体どこに永《とこし》なえの自我があろうか。屍《しかばね》が日にさらされて青瘀《あおぐろ》くなってゆくとき、本来の美人などあるはずもない。わが師として学ぶべきは身心ともに不浄であり無常であり、実体とてもないことの自覚ではないのか。かくて達し得た羅漢《らかん》の境地こそ、何たるたのしみだろうか」。「風に散る木の葉を見ては、あらゆる無常の因縁を知る。かの生死《いきしに》の輪廻に目覚めるのには、果して幾万年かかるだろうか。露にしぼむ花を観《み》ては、遂《つい》に無明《おろかさ》の種子を除く、この鹿の車にも比せられる縁覚と羊の車に喩えられる声聞の教えとは、あい並んで二乗、覚醒へと導く二つの乗りものと呼ばれるのだ」（栂尾祥雲）。

かくて『般若心経』の「智もなく、また、得《とく》も無し、所得なきを以ての故に」と云う一節は『般若理趣経』の得自性清浄法性如来、すなわち顕教の観自在菩薩の説示した天台一乗の教説に該当するとみる。つまり自性清浄の法性を体得した如来が自在に、「一切法の平等なることを観ずる智印を出生する般若の理趣を説きたまえる」のと相応すると空海は見るのだ。

『般若理趣経』の此の「観自在菩薩理趣会品」では「世間の一切の慾は清浄なるが故に、即ち一切の法も清浄なり」云々と説かれていて、すべての存在は本来的には清浄なりと断定して、「煩悩即菩提」の理趣が説かれている。観自在菩薩が般若波羅蜜多を深く禅定体験したのが、『心経』のこの一節に集約されていると空海は読み解くのである。かくてこの段を要約して、「蓮を観じて自浄を知り、菓を見て心徳を覚る、一道《いちどう》に能所《のうしょ》を泯《みん》ずれば、三車即ち帰黙す」と詠じている。「蓮華は汚泥のなかに生《は》えながらも、その汚泥に染まることなく清らかな花を咲かせるように、己《おの》が心の自性《さが》もまた清浄なることを知り、蓮の台《うてな》に菓実がみのるのを見て、心のなかにも万徳あるを覚る。いろいろな言詮を離れたる一道は、能所の対立をなきものとして、羊、鹿、牛の引く三車に喩えられる法門も、すべてこの天台一乗の大きな車に帰入してしまう。」つまり、これまでに説示されてきた様々な教説が羊鹿などの車のように、がたぴしゃと軋《きし》むこともなく、この天台の教えの一大白牛車は音もたてずに静かに悟りの里へと進んでゆくと言うわけ。

これら散文で説き示されてきた六乗の教え、つまり華厳（建）、三論（絶）、法相（相）、声聞・縁覚の二乗（二）、そして天台（一）の教えは更にこよなき無上の悟りの境地（阿耨多羅三藐三菩提《あのくたらさんみゃくさんぼだい》）へと向う。その無上の境地こそ、まさしく「秘蔵真言分《ひぞうしんごんぶん》」とも言うべき明呪なのである。これまで散文で説かれてきたのは、まさしくこの明呪たる薬への効能を示したものであったのだ。この「掲諦掲諦、波羅掲諦、波羅僧掲諦、菩提、薩婆訶」（gate gate pāragate pārasaṃgate bodhi svāhā）こそ、他に比類なき陀羅尼そのものであり、この呪によって「一切の苦を除き、真実にして虚《むな》しからざる実存の境位へと導かれてゆく」のである。

「真言は不思議なり、観誦すれば無明除《の》く、一字に千理を含み、即身に法如を証す」と云うのが、空海の結論なのである。空海が終始一貫して強調したのは、「夫《そ》れ如来の説法は必ず顕密の二意を具す」との宗教観であった。すでに幾度も言及したように、留学の成果を報告する『請来目録』において、顕密二教の対弁を示しながらも、「法海は一味なり、機に随って浅深あり」云々と明記しているのだ。

　最晩年の承和元年（八三四）十一月十九日に朝廷へ提出した上奏文のなかでも、「如来の説法に二種の趣き有り。一は浅略趣、二は秘密趣なり。浅略趣と言うは諸経の中の長行《じょうごう》偈頌、是れなり。秘密趣と言うは諸経の中の陀羅尼、是れなり。浅略趣とは大素《たいそ》、本草《ほんぞう》等の経が病源を論説し、薬性を分別するが如し。陀羅尼の秘法は、方《ほう》に依りて薬を合わせ服食して病を除くが如し。若し病人に対して方経を披談するときは痾《やまい》を療するに由なし。必ず須《すべか》らく病に当って薬を合わせ、方に依りて薬を服すれば乃ち疾患を消除し、性命を保持することを得べし」（『続日本後紀』巻三）云々と記している。

　さきに見た『般若心経』の長行すなわち散文で説示される文字の内容は、まさしく病理を説き薬の処方を示しているものと解するのである。病理の読み解きも薬の処方も極めて大切ではあるが、その読み解きのみで病を治癒することはできない。病を癒すためには、正しく病理を解して処方された薬を服用することこそが肝要なのである。その薬こそ、まさしく呪であり陀羅尼なのである。

ちなみに『般若心経秘鍵』の冒頭には「夫れ仏法遙《はる》かに非ず、心中にして即ち近し。真如外《ほか》に非ず、身を棄てて何《いづ》くにか求めん。迷悟我に在れば、則ち発心《ほっしん》すれば即ち到る。明暗他に非ざれば、則ち信修すれば忽ちに証す。哀れなる哉、哀れなる哉、長眠の子。苦しい哉、痛ましき哉、狂酔の人。痛狂は酔わざるを笑い、酷睡は覚者を嘲《あざ》ける。かつて医王の薬を訪《とぶら》わずんば、何《いず》れの時にか大日の光を見ん」云々とある。この序文が唐の天台僧明曠《めいこう》述と伝えられる『般若心経疏』に見られるところから、これを空海は援引したと言われてきた。まったくの妄説である。

そもそも天台の湛然《たんねん》の弟子の明曠が、瑜伽行唯識派の祖とも言うべき玄奘が翻訳した『般若心経』に注釈を著わすこと自体が有り得ないことである。しかもこの『般若心経疏』の冒頭では、この経の経題について「若し具《つぶさ》に梵語のままにするなら摩訶般若波羅蜜多質多蘇多覧なり」とある。すでに述べたように、この経の梵本には経題はなく、末尾に「以上、般若波羅蜜多のフリダヤが畢りぬ」とある。この「フリダヤ」(hṛdaya)を玄奘は「心」と訳したことも、すでに触れた。しかるに、明曠の疏と言われるものでは、『心経』の「心」を文字どうり、梵語のチッタ（citta）と見做していること自体、余りにも無知であり、唐僧明曠の説と考えることが出来ない。梵語自体が十分に理解できない時代になっての日本における天台僧の叙述と見るべきものである。その天台僧が空海の『心経秘鍵』から、その序文の一部を援引したものであることを附言しておく。

第二節　真言宗年分度者と高野山での入定

『秘蔵宝鑰』三巻を撰述した翌年の天長八年（八三一）五月に、空海の身体に悪瘡《あくそう》が生じて一向に回復の兆しが見られなかった。かくてこの年の六月十四日に、空海は上表して自らの大僧都《だいそうず》の僧綱職を辞することを願い出ている（『日本紀略』前篇十四）。この上表で空海は、主上（天皇）の恩沢に浴して以来、力を尽して国に報《むく》いんと永年、微力を尽してきたのだが、「然るに今、去《い》んにし月の尽日《じんじつ》（末日）に悪瘡体に起りて吉相現ぜず。両楹《りょうき》夢に在り、三泉《さんせん》忽ちに至る」と書いている。

つまり「五月の末頃から身体に悪瘡が出て、一向に快方に向う気配もありません。死期を自覚した孔子が二本の柱の間にしつらえられた葬送の祭壇に立つ夢を見たと云う故事のように、私も黄泉《よみじ》への旅立ちが近いと思われます」と言うわけ。

かくて「何とぞ今後ながく大僧都の官職を解任くださり、自由の身として人びとの教導と利益《やく》に尽したく存じます」としながらも、「辞任に当って陛下に申しあげたいことは、三密《さんみつ》の法教である真言密教を決して棄てることがなきように」と付言している。

これに淳和天皇は勅答して、空海の辞意を認めることなく、「密門稍く啓《ひら》け、真言載《すなわ》ち歇《あら》わると雖も、之を学ぶ者は纔《わず》かに其の階梃を践《ふ》み、之を褰《と》る者は未だ其の堂廡《どうぶ》を践《ふ》まず。公輸《こうゆ》に非ずよりんば、蠕節《ぜんせつ》を如何《いかん》せん。宜しく法流を霑《うる》おして統号《とうごう》を辞すること勿《なか》れ」と述べて、「宜しく心を厝《はげ》まして、善く救療《くりょう》を加うべし」と応答《こた》えている。

つまり、密教の教えが今ようやく開けて、真言の教えが始めて法幢をかかげたとは言うものの、その教えを学ぶ者はようやく序の口に至り、真言密教の道を学び修せんとする者達も、未だその廡《ひさし》にさえ及んでいない。昔の中国の木工の名人だった公輸般《こうしゅはん》が造った木の鳶《とび》は、空中へ飛ばしたところ、三日間も飛びつづけて手許には帰ってこなかったと言うではないか。その公輸般にも比すべき貴僧《あなた》でなければ、誰が衆生を救いうるだろうか。どうか貴僧は密宗の法流を潤《うるお》して、僧綱の職を辞すべきではない」と言うわけである。

事実、この年の九月二十五日には、比叡山の円澄は、東国の化主と呼ばれた道忠の弟子の徳円らとともに、空海に対して真言の付法を請うている。この受法書状で、円澄はかつてその師最澄とともに、空海から受けた弘仁三年（八一二）十二月の高雄山寺での灌頂に言及して、叡山では未だに真言の法が十分に学修されていないと嘆いている。

この求法啓状のなかで、円澄は「去る延暦の末、天台宗年分二人を度《ど》することを賜《たま》わる。かの官符に云く、一人は摩訶止観《まかしかん》を学び、一人は大毘盧遮那経《だいびるしゃなきょう》を学ぶべし、と。止観の旨は盛りに叡峰《えいぶ》に談じて師資の道を弘む。毘盧遮那の宗に至っては未だ良匠を得ず。文義《もんぎ》の味、開示するに人なし」云々と記している。

最澄はつとに「天台の止観と真言の法とは義理冥符することを知りぬ」と言われているように（『類聚三代格』巻二）、桓武天皇は旧来の六宗の年分度制をもとに戻し、更に最澄の上奏に対して「天台法華宗」の年分度者二人を勅許した。一人は『大毘盧遮那経《だいびるしゃなきょう》』を学び修する「遮《しゃ》那業《なごう》」と、今一人は天台の始祖智顗《ちぎ》の『摩訶止観《まかしかん》』を学ぶ「止観業《しかんごう》」を公認したのである。

唐に在って最澄は帰国直前の僅かな暇《いとま》に、越州の峯山道場で、善無畏の系統を継ぐ順暁《じゅんぎょう》から「三部三昧耶《さんぶさんまや》の灌頂《かんじょう》」をうけての帰国であったのだ。叡山では「止観業」に比して「遮那業」は十全でなく、その補遺《ほい》を空海の両部密教に期待していたのである。

天長六本宗書の一として、比叡山の義真が撰述して上呈した『天台法華宗義集』一巻は、最澄の意図に反して単に天台止観の要旨を述べたもので、そこでは止観と遮那すなわち真言とのかかわりについては全く言及されていなかったのだ。叡山にあっても義真とは対立的立場にあった円澄等は、天長八年（八三一）九月に改めて空海に対して真言受法を依頼したのである。

唐の伝統的な天台と最澄の天台法華宗は二つの点で大きな異なりを見せる。一つは最澄の天台法華宗では、東大寺戒壇院での四分律《しぶんりつ》にもとづく具足戒ではなくて、『梵網経《ぼんもうきょう》』による大乗菩薩戒によっていること、今一つは天台止観の法と真言の法とは義理冥符するとの確信から、『大日経』を学び修する「遮那業」を包括しているのだ。だから義真が上呈した『天台法華宗義集』は単に中国天台の要旨を述べたものにすぎず、最澄の直弟子《じきでし》であった円澄や徳円等にとっては不本意のことであったのだ。

最澄の手足として天台法華宗の大乗戒壇の公認に力を尽した最側近の光定《こうじょう》は、円澄等の真言受法について「耳順の年（六十歳）に登ると雖も、先師（最澄）の跡を継がんが為に真言の大道を修学し、三密の戒契、一々に指陳して空海大僧都に受く」（『伝述一心戒文』巻下）と書き残しているから、まさしく此の時すなわち天長八年九月末に、円澄、修円等十九名は空海から「真言の大道」「三密の戒」を受け学んだことがわかる。

翌年の天長九年（八三二）正月十四日には、宮中における最勝会《さいしょうえ》が畢った日に紫宸殿で行なわれる金光明最勝王経《こんこうみょうさいしょうおうきょう》に関する論義に、空海は仏教界の最長老である護命《ごみょう》や修円《しゅえん》等とともに列席しているから、空海の悪瘡もこの頃には一旦は治癒していたと思われる。

この年の八月二十四日には「高野山万燈会《こうやさんまんどうえ》の願文《がんもん》」を撰して供養しているから、この頃には、空海は都を去って高野の峰へと移っていることもわかる。この「願文」では「是に於て、空海、諸々の金剛子《こんごうし》等と与《とも》に、金剛峯寺《こんごうぶじ》に於て聊《いささ》か万燈万華《まんどうまんげ》の会《え》を設け、両部の曼荼羅、四種の智印に奉献す」云々とあるからである。またこの「願文」では「期《ご》する所は、毎年一度、斯の事を設け奉って四恩を答し奉らん。虚空尽《つ》き、衆生尽き、涅槃尽きなば、我が願いも尽きん」云々とあることで、よく知られている。

「四恩」とは父母、国王、衆生そして（仏法僧の）三宝への恩を指す。謂わば生きとし生けるもの、在りとし在らゆるものを指す。一言で「衆生」と言ってもよい。つまり此の存在世界がなくなり、その存在界における生きとし生ける一切がなくなったとき、もはや輪廻転生して苦しむものもなくなってしまうのだから、その時に、ようやく私の衆生救済への悲願も終りを告げることになるだろう。この誓願こそ、自らが唐都長安で師主恵果から受け学んだ『金剛薩埵《こんごうさった》五秘密儀軌《ごひみつぎき》』に説かれる誓願そのものであったのだ。

通説として、この年、天長九年十一月には、空海は東寺を実恵に、高雄の神護寺を真済らにゆだね、自らは高野の峰に隠棲して、ながく穀味を絶って山中に仏を念じつづけたと言う。天長十年（八三三）には、この高野の開創を、最も新しく若い弟子真然《しんぜん》に付嘱し、実恵等をして助成せしめたとも伝えられている。

真然は讃岐の多度郡の人で、俗姓を佐伯氏と言うから空海とは血縁のつながりを有していることになる。空海にとっては最晩年の弟子と言うことになる。その若き真然に高野の開創と後述の真言年分を託したのは何故か。空海なき後に、東寺に保管されていた空海が請来せる謂わゆる「三十帖策子」を、真然が高野へ齎持したのは何故か。ここで我々は空海自身が記している師主恵果が入寂した夜の出来事を想起すべきである。このことは『請来目録』に記され、更に空海自身の「恵果和尚之碑」(『性霊集』巻二)には一層詳しく書き残されていた。

唐都長安の青龍寺で唐の貞元二十一年(永貞元年、八〇五)十二月十五日に恵果は入寂する。その夜、道場で一人瞑想していた空海の面前に在りありと姿を現わした恵果和尚は「我れと汝とは久しく契約有りて、誓って密蔵を弘《ひろ》む。我れ東国(日本)に生れて必ず弟子とならん」(『請来目録』)と告げたと言う。この年すなわち日本の延暦二十四年の末に日本に生れ、長じて空海の弟子となった真然こそ、恵果の再誕と云うことになり、「久しく契約有りて、誓って密蔵を弘」めてきた間柄であってみれば、密蔵の法門の「三十帖策子」が真然の手許にあるのは至極当然のこととなってくる。

飛躍してしまった話題をもとに戻そう。空海は承和元年(八三四)十一月に、宮中における正月の最勝会《さいしょうえ》に、「一《もっぱ》ら経法に依って経を講じ、七日の間、解法《げほう》の僧二七《にしち》人。沙弥《しゃみ》二七人《にしちにん》を択《えら》んで、別に一室を荘厳して諸尊の像を陳列して、供具を奠布《てんぷ》して真言を持誦せしむ」べき旨を上奏して勅許を得ている。古くから宮中で正月に行なわれた最勝会は、国家の安穏と五穀豊《ごこくほう》穣《じょう》を祈って護国経典の『金光明最勝王経』が講じ談ぜられる行事であった。

すでに幾度も言及したように、空海は如来の説法には文字どうりの浅略な意趣とその文字の奥底に秘められる深秘なる意趣があると言う。経典の文字を講じ談ずるのは、あたかも病理を説き、薬性を論じているにすぎず、その談論によって病気そのものが治癒することはない。病を治癒するためには、正しく処方された薬自体を服用して、はじめて効果を期待できる。その薬を実際に服用せしめること、それこそがまさしく「法に依って像を画き、壇を結んで修法する」ことにほかならぬと言うわけである。

この正月の御修法《みしほ》は現在に至るも、京都の東寺において正月八日から七日間、勤修《ごんしゅ》されつづけている。

空海は自らの終焉を予知しているかのように、承和二年（八三五）正月二十二日に「大僧都伝燈大法師位空海は表を上《たてまつ》って、真言宗年分の僧三人を請う。之を許す」と『続日本後紀』巻第四は伝えている。これを許す「太政官符　応に真言宗年分者三人を度すべき事」も残っている。この時の空海の上表では「伏して望むらくは、彼《か》の七宗の例に准じて年分を蒙り賜らんことを」とあるけれども、最澄は帰国後、時間をおくことなく「天台法華宗」の年分度者二人を賜らんことを上奏して、直ちに勅許されている。

一体何故、空海は最晩年に至るまで、「真言宗年分度僧」の申請をしなかったのか。『秘密曼荼羅十住心論』十巻や『般若心経秘鍵』の内容から明らかなように、仏教の諸宗はもとより、異なった宗教とても決して固定的な存在ではなくて、すべての教法はその根底においては有機的につながっていて、「法海は一味」と見るのが、空海の宗教観なのである。だから、この時、空海が申請した「真言宗年分者三人」は、決して真言と云う一セクトの確立ではなかったのだ。

そのことは、「一、金剛頂業一人」は「十八道一尊儀軌および守護国界主陀羅尼経十巻を学ぶべき」とされ、「一、胎蔵業一人」は「十八道一尊儀軌および六波羅蜜経十巻を学ぶべし」とされるのに象徴される。これら両経は、空海が長安で最初に師事したインド僧の般若三蔵の翻訳であって、必ずしも真言密教独自の経典ではない。そして「右の二業の人は応に三十七尊礼懺経一巻、金剛頂発菩提心論一巻、釈摩訶衍論一部十巻を兼学すべし」とあるのだが、その一部が密教的論書と言えるだろうか。ちなみに「一、声明業《しょうみょうごう》一人」は「梵字真言の大仏頂《だいぶっちょう》および随求陀羅尼《ずいぐだらに》を書誦すべし」とあり、更に「右の一業は応に大孔雀明王《だいくじゃくみょうおう》経一部三巻を兼学すべし」とあって、宗派性《セクト》は極めて希薄である。

それ故にこそ、後には承和二年正月二十三日（一本は二十二日）付の別の官符が偽作され、「一、金剛頂瑜伽経業一人」は「金剛頂瑜伽経所説の諸尊法の中の一尊儀軌および龍猛《りゅうみょう》菩薩所造の発菩提心論一巻、金剛頂十八会指帰一巻を学すべし。兼ねて暗《あん》に梵字大随求陀羅尼《だいずいぐだらに》を書誦すべし。又、四種曼荼羅義を習うべし」とする。

また「一、大毘盧遮那成仏経業一人」として、「応《まさ》に大毘盧遮那経所説の諸尊法の中、一尊す。兼《か》ねて梵字大仏頂陀羅尼を書誦す。又、即身成仏義を習うべし」云々とする。また「一、声明業一人、応に諳《あん》に梵字悉曇章《ぼんじしったんしょう》一部二巻を書誦す。兼ねて大孔雀明王経一部三巻を読むべし。又、声字実相義を習うべし」云々とする。ここでは完全に真言宗がセクト化されているとともに、最も怪訝《けげん》に思われることは、それぞれの業の度人に、空海自身の著述を学習せしめている点である。おそらく、かなり時代を経てからの偽作であろう。

それにしても帰国後、従来の七宗のように年分度制を申請することのなかった空海が、この時期に到って急拠、真言宗年分度者の制を申請したのは何故か。空海自身、『十住心論』十巻においても『般若心経秘鍵』にあっても、「法海は一味」の立場を貫いてきた。空海にとって「宗」とは、他のそれと厳然として区別され排除されるべきものではなくて、すべてが有機的なつながりを有するスクールであるべきものである。すべての文化、宗教はそれぞれが調和して棲《す》み分《わ》けて存在すると考える。これが曼荼羅《まんだら》と云うことなのである。

真言宗年分者三人の制を申請して勅許され、高野山の開創を真然に託した空海は、その二か月後の承和二年(八三五)三月二十一日に「紀伊国の禅居に終る」と『続日本後紀』巻第四は記録している。仁明天皇は内舎人《うどねり》を高野に遣《つか》わして「法師の喪を弔い、并びに喪料を施し」ている。淳和上皇もまた弔書をしたためて、「真言の洪匠《こうしょう》、密教の宗師、邦家は其の護持を憑《たの》み、動植は其の摂念を荷《たの》む。豈《あに》、図《はか》らんや、崦嵫《えんじ》として未だ逼《せま》らざるに、無常遽《にわか》に侵《おか》さんとは。仁舟、棹《さお》を廃し、弱喪、帰《よ》るところを失う。嗟呼哀《かな》しい哉、禅関僻左《へきさ》して凶問晩《おそ》く伝わる。使者奔送せしめて荼毘《だび》を相い助くること能わず。言《ここ》に、之を恨と為す。悵恨曷《なん》ぞ已《や》まん。旧窟を思付《はかる》に悲涼、料すべし。今は遙《はる》かに単書を寄せて、之を弔う。著録の弟子、入室の桑門《しゃもん》、悽愴《せいそう》奈何《いかん》せん。兼ねて以て旨を達す」とある。

空海は六十二年の生涯を法身の里である高野の霊峰でとじた。しかし今なお虚空が尽きず、悩める衆生がある限り、空海の誓願もまた尽きることはない。弟子たちは生けるが如き空海を高野の奥の御廟へと移す。人びとは今もなお、空海は高野の霊峰にとどまって、衆生によりそい、人びとを救済しつづけていると信じている。

延喜二十一年（九二一）、空海に弘法大師の諡号《しごう》が贈られた。

ありがたや　高野《たかの》の奥の岩かげに　大師はいまだおわしますなる

著者略歴
高木訷元（たかぎしんげん）

1930年島根県に生まれる。

1956年高野山大学卒業。

1958年東北大学大学院修了。インド学仏教史学専攻。

元高野山大学学長。日本学術会議会員（第15期、第17期、第18期）。

高野山大学名誉教授、文学博士。

著書『弘法大師の書簡』、『空海入門　本源への回帰』、『古典ヨーガ体系の研究』、『マータラ評註の原典解明』、『初期仏教思想の研究』、『空海思想の書誌的研究』、『空海と最澄の手紙』（いずれも、法蔵館）、『空海　生涯とその周辺』、『密教の聖者　空海』（吉川弘文館）、Kūkai on the Philosophy of Language, Translated and Annotated by Shingen Takagi and Thomas Eijō Dreitlein, Keio University Press,『空海の座標　存在とコトバの深秘学』（慶應義塾大学出版会）など多数。

空海――還源への歩み

二〇一九年一一月一日　第一刷発行

著　者　高木訷元
発行者　神田　明
発行所　株式会社　春秋社
東京都千代田区外神田二―一八―六（〒一〇一―〇〇二一）
電話〇三―三二五五―九六一一　振替〇〇一八〇―六―二四八六一
http://www.shunjusha.co.jp/
印刷所　信毎書籍印刷株式会社
製本所　ナショナル製本協同組合
装　丁　本田　進
定価はカバー等に表示してあります
　ISBN978-4-393-17292-6